AF276392

COLEX

Disfrute gratuitamente **DURANTE UN AÑO** de los eBook y audiolibros de las obras de Editorial Colex*

⊗ Acceda a la página web de la editorial **www.colex.es**

⊗ Identifíquese con su usuario y contraseña. En caso de no disponer de una cuenta regístrese.

⊗ Acceda en el menú de usuario a la pestaña «Mis códigos» e introduzca el que aparece a continuación:

RASCAR PARA VISUALIZAR EL CÓDIGO

Pensar a realidade. Introdución á metafísica, lóxica e teoría do coñecemento

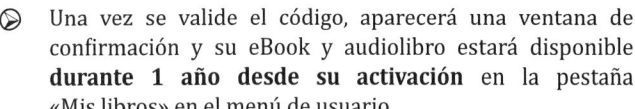

⊗ Una vez se valide el código, aparecerá una ventana de confirmación y su eBook y audiolibro estará disponible **durante 1 año desde su activación** en la pestaña «Mis libros» en el menú de usuario.

* Los audiolibros están disponibles en las ediciones más recientes de nuestras obras. Se excluyen expresamente las colecciones «Códigos comentados», «Biblioteca digital» y los productos de www.vademecumlegal.es.

¡Gracias por confiar en nosotros!

La obra que acaba de adquirir incluye de forma gratuita la versión electrónica.

Acceda a nuestra página web para aprovechar todas las funcionalidades de las que dispone en nuestro lector.

Funcionalidades eBook

Acceso desde cualquier dispositivo con conexión a internet

Idéntica visualización a la edición de papel

Navegación intuitiva

Tamaño del texto adaptable

Síguenos en:

PENSAR A REALIDADE

INTRODUCIÓN Á METAFÍSICA, LÓXICA E TEORÍA DO COÑECEMENTO

PENSAR A REALIDADE
INTRODUCIÓN Á METAFÍSICA, LÓXICA E TEORÍA DO COÑECEMENTO

Abraham Rubín Álvarez

COLEX 2025

Copyright © 2025

© Abraham Rubín Álvarez

© Editorial Colex, S.L.
Calle Costa Rica, número 5, 3.º B (local comercial)
A Coruña, C.P. 15004
info@colex.es
www.colex.es

I.S.B.N.: 978-84-1194-928-6
Depósito legal: C 280-2025

Para Ana, que protexeu o máis valioso para que eu puidese escribir.

SUMARIO

PARTE 3. LÓXICA

CONCLUSIÓNS FINAIS: FILOSOFÍA, SABER E PERSPECTIVA CRÍTICA

BIBLIOGRAFÍA

INTRODUCIÓN XERAL

Desde os seus inicios na antiga Grecia, a filosofía xurdiu como un intento de entender a realidade e cuestionar as ideas que consideramos certas. Reflexionar sobre o ser, o saber e as normas do razoamento non só é un labor intelectual, senón tamén unha procura existencial para outorgar significado ao mundo e á posición que ocupamos nel.

Este libro busca funcionar como orientación para todos aqueles que queiran iniciar ou profundar no estudo da filosofía, en particular nos ámbitos da metafísica, a lóxica e a teoría do coñecemento. Estas tres disciplinas son piares esenciais do pensamento filosófico, dado que tratan temas fundamentais acerca da realidade, o razoamento e as fronteiras do coñecemento humano.

A filosofía non só se dedica a formular preguntas, senón tamén a propor métodos para buscar respostas. Este libro procura reflectir esa dobre función: analizar a natureza do ser e a estrutura da realidade (metafísica), examinar as condicións do coñecemento e os métodos para xustificar as crenzas (epistemoloxía) e estudar as regras do razoamento válido e os principios da argumentación (lóxica).

Con esta obra, búscase fomentar a reflexión crítica e o diálogo coa tradición filosófica, facendo accesible o seu contido sen renunciar ao rigor conceptual. O texto está redactado cunha orientación pedagóxica, evitando tecnicismos excesivos para facilitar a súa lectura tanto a estudantes como a lectores con interese filosófico.

Partindo desta visión da filosofía como unha disciplina que busca respostas rigorosas e críticas, o libro estrutúrase en tres partes principais, cada unha dedicada a un campo específico do pensamento filosófico. Esta organización permite ao lector explorar distintos enfoques e cuestións fundamentais desde perspectivas complementarias.

O texto está estruturado do seguinte modo:

1. **Metafísica:** Explóranse as cuestións fundamentais sobre a realidade, analizando tanto autores clásicos como Platón, Aristóteles e Tomé de Aquino, así como perspectivas modernas e contemporáneas, desde Spinoza ata Heidegger. Tamén se abordan temas como a inmanencia e a transcendencia, ou a distinción entre esencia e existencia.

2. **Epistemoloxía:** Examínanse os fundamentos do coñecemento, as diferentes concepcións da verdade e os límites da razón. Esta parte percorre autores como Descartes, Leibniz, Hume e Kant, ata chegar ás correntes hermenéuticas e posmodernas. Tamén inclúe análises sobre a verdade e as opinións, así como unha reflexión sobre os límites do coñecemento e o problema do irracional. Finalmente, aborda as epistemoloxías posthumanistas e ecoloxistas, que propoñen unha visión relacional e integrada do coñecemento, desafiando o antropocentrismo tradicional e incorporando perspectivas críticas sobre a tecnoloxía, a natureza e os sistemas non humanos.

3. **Lóxica:** Abórdase a análise formal do razoamento e a validez dos argumentos, desde a lóxica aristotélica ata a lóxica proposicional contemporánea. Inclúense temas como as figuras e modos do siloxismo, as regras para avaliar a validez e os principios fundamentais da lóxica proposicional.

As tres partes dialogan entre si, ofrecendo unha visión integral do pensamento filosófico e preparando o lector para abordar cuestións complexas con maior claridade.

Para articular estas tres partes, adoptouse unha metodoloxía híbrida que combina un enfoque histórico e outro temático. Este modelo permite explorar as ideas filosóficas tanto no seu contexto cronolóxico como en relación cos problemas que pretenden resolver.

Ao longo dos capítulos, o lector atopará algúns autores tratados en distintas seccións, pero sempre desde perspectivas complementarias. Por exemplo, Kant aparece tanto na parte dedicada á epistemoloxía como na análise das condicións do coñecemento, mentres que Aristóteles se estuda tanto na metafísica como na lóxica. Este enfoque permite destacar a relevancia transversal das súas contribucións e mostrar como determinados problemas filosóficos seguen sendo revisitados ao longo do tempo.

A metodoloxía utilizada garante, ademais, unha aproximación accesible, mantendo o rigor expositivo.

A organización en tres partes —metafísica, epistemoloxía e lóxica— responde a unha necesidade pedagóxica de estruturar os temas filosóficos en función das súas preguntas fundamentais. Porén, esta división non debe interpretarse como compartimentos estancos, xa que moitos dos autores tratados cruzan as fronteiras entre estas disciplinas.

Por exemplo, pensadores como Descartes, Spinoza e Kant formulan cuestións metafísicas de grande profundidade, pero abórdanas desde unha análise crítica das condicións do coñecemento. Descartes comeza pola certeza epistemolóxica do *cogito* para reconstruír unha metafísica baseada na substancia. Spinoza elabora unha metafísica monista, pero o seu sistema baséase nun método demostrativo inspirado polas matemáticas, o que conecta directamente coa teoría do coñecemento. Pola súa banda, Kant revisa a viabilidade da metafísica como ciencia a partir da análise das condicións transcendentais do coñecer humano.

Estas aproximacións deixan claro que a metafísica moderna non pode desligarse das preguntas epistemolóxicas. En efecto, a modernidade impón unha reformulación da metafísica a través da crítica ao coñecemento, o que xustifica que autores cunha forte carga metafísica sexan analizados na parte dedicada á epistemoloxía.

Algo semellante sucede coa filosofía contemporánea, onde a fenomenoloxía de Husserl, as hermenéuticas de Gadamer e os pensadores posmodernos como Lyotard continúan preguntándose polos fundamentos do ser, pero fano desde a análise das condicións lingüísticas, culturais e interpretativas do coñecemento. Esta énfase nos procesos de significación e comprensión sitúa estas correntes dentro do ámbito epistemolóxico, aínda que manteñan vínculos estreitos coas cuestións metafísicas.

A inclusión destes autores na segunda parte do libro responde, por tanto, a unha opción metodolóxica que permite abordar as súas propostas dun xeito máis claro e ordenado, seguindo o fío condutor das preguntas sobre o coñecemento e os seus límites. Ao mesmo tempo, as cuestións metafísicas que tratan estes filósofos reaparecen transversalmente ao longo do texto, dialogando cos temas da primeira parte.

A división en tres partes tamén reflicte a evolución histórica das preguntas filosóficas. A metafísica clásica, centrada no ser e a esencia, foi progresivamente desafiada pola modernidade, que puxo o suxeito cognoscente no centro da investigación. Este cambio deu lugar a unha metafísica crítica e condicionada polo coñecemento humano, tal como exemplifica Kant, e a unha posterior fragmentación e revisión do pensamento metafísico na contemporaneidade.

No contexto actual, as discusións sobre a linguaxe, a interpretación e a pluralidade de perspectivas evidencian unha continuidade das preguntas metafísicas, pero formuladas agora desde unha perspectiva máis aberta e dinámica. Neste sentido, as epistemoloxías posthumanistas e ecoloxistas amplían o debate ao propoñer un coñecemento relacional que cuestiona a separación entre natureza e cultura, humano e non humano, outorgando novas respostas aos desafíos da crise ambiental e tecnolóxica contemporánea. O tratamento destas cuestións tenta axudar a comprender esta transformación e anima ao lector a seguir profundando nestas cuestións, presentes nos debates filosóficos contemporáneos.

O obxectivo deste libro, por tanto, é outorgar unha guía que sexa accesible e que igualmente manteña unha boa estruturación sobre os temas que lle ocupan: metafísica, lóxica e teoría do coñecemento. Pretende, deste xeito:

- Servir como material didáctico para estudantes, tanto de filosofía en xeral, como de metafísica, epistemoloxía ou lóxica, en particular. Así mesmo, aspira a ser unha ferramenta a partir da cal os lectores interesados podan aprender.

- Motivar a reflexión crítica e a xeración de novas preguntas sobre os grandes problemas filosóficos.

- Axudar a que o proceso de comprensión das cuestións das que trata sexa sólido, empregando tanto claridade expositiva como profundidade de análise.

Como está pensado tanto para aqueles que se inician na filosofía como para quen busca ampliar coñecementos, o texto convértese nun manual flexible a partir do cal se poden establecer distintos niveis de lectura.

Finalmente, este libro quere convidar o lector a iniciarse ou seguir no camiño da filosofía, xa que considera que é unha práctica fundamental no noso mundo contemporáneo. Ao vivir nun tempo sen dúbida marcado pola velocidade, a incerteza e por un saber fragmentado, a filosofía segue a ofrecer unha vía de detemento, tanto para frear o ritmo ao que nos vemos sometidos, como para reflexionar e cuestionar o que se adoita dar por sentado.

Filosofar, por tanto, non é unha actividade abstracta, senón unha necesidade vital se queremos comprender e enfrontarnos aos retos da sociedade actual. Nun contexto onde a información circula a toda velocidade e as verdades confúndense con aparencias, a filosofía pode proporcionar ferramentas para distinguir entre o superficial e o profundo, entre o certo e o dubidoso.

Ademais, a filosofía abre espazos para a crítica construtiva e o diálogo intercultural, xa que aborda cuestións éticas, políticas e existenciais con profundidade, sen por iso perder pé na realidade. Deste xeito, ofrece non só respostas, senón tamén preguntas que se manteñen ou reformulan, conservando deste modo a ansia polo saber.

Este libro aspira, así, a ser máis que un manual de estudo. Pretende convidar ao lector a seguir pensando a realidade, cuestionando o que se dá por suposto, conectando o pensamento filosófico coas urxencias do presente. Alén de ofrecer coñecementos técnicos, busca axudar a que o lector inicie ou consolide unha actitude filosófica capaz de aportar claridade ao noso presente e inspirar o porvir que está por chegar.

PARTE 1

METAFÍSICA

Introdución

A metafísica é unha disciplina filosófica que trata de abordar as cuestións fundamentais que atinxen ao ser, a existencia e a estrutura última da realidade. Desde os seus comezos na antiga Grecia ata a época contemporánea, a metafísica buscou comprender os principios que sustentan tanto o mundo como o lugar do ser humano dentro del.

A metafísica, deste xeito, xorde como unha tentativa que procura ir alén do cambio e a multiplicidade observables na experiencia cotiá, mentres tenta identificar que é aquilo que permanece máis aló do cambio, o fundamento último do real. Os presocráticos foron os que iniciaron tal indagación propoñendo o concepto de *arché* ou principio primeiro. Parménides e Heráclito discutiron de modos opostos entre unha concepción do que é como algo absoluto e totalmente estable, ou como algo inmerso nun dinamismo constante, que non sae do fluxo do devir. Platón conseguiu en parte reconciliar estas perspectivas introducindo un dualismo entre mundo sensible e mundo intelixible. Aristóteles, pola súa parte, tentou resolver con outra síntese, baseada esta no hilemorfismo, integrando materia e forma para explicar o cambio e a permanencia.

Na época medieval reelaboráronse estas concepcións ao integrarse a metafísica da época grega coa relixión cristiá dominante. Santo Tomé de Aquino tamén desenvolveu unha síntese, no seu caso entre razón e fe, facendo de Deus o principio metafísico puro, é dicir, o principio último da realidade. Porén, na modernidade a metafísica transformouse radicalmente.

A modernidade entendeu que a metafísica se enfrontaba co que outros autores máis adiante deron en chamar un cambio de paradigma. Descartes considerou que o que debía estar no centro do proceso de coñecemento era o suxeito e non o mundo. Kant, pola súa parte, puxo en dúbida a posibilidade de coñecer a realidade tal como é en si mesma, e Spinoza concibiu unha metafísica na que Deus, identificado coa Natureza, constitúe a única substancia real. A súa visión eliminou a separación entre espírito e materia que establecera Descartes, outorgando un modelo no que a transcendencia de Deus acaba reconfigurada nunha inmanencia absoluta. Esta perspectiva influíu definitivamente tanto no idealismo alemán como nas críticas contemporáneas a todo dualismo metafísico.

Hegel, dese xeito, elaborou unha metafísica na que o dinamismo é a característica central, baseándose no que chama dialéctica do espírito, sentando de tal modo as bases para a crítica posterior que realizará Nietzsche con radicalismo, rexeitando os fundamentos tradicionais da metafísica e proclamando á súa vez a «morte de Deus», un concepto que encarna o colapso de toda estrutura transcendente.

No século XX, Heidegger retoma a cuestión do ser e os seus interrogantes, e reformúlaa como un tema que atinxe á existencia. Para analizala é preciso centrarse no que el chama *Dasein*, o ser humano situado no tempo e na finitude. A súa crítica á metafísica tradicional foi decisiva para os pensadores da posmodernidade e para toda interpretación hermenéutica e deconstrutiva, que cuestiona en todo caso a posibilidade de sistemas filosóficos absolutos e universais.

Esta parte do libro céntrase no desenvolvemento da metafísica desde a época clásica ata as preocupacións contemporáneas. Abrangue deste modo tanto as formulacións de Platón e Aristóteles ata as propostas modernas de Spinoza e Hegel, continuando coa ruptura de Nietzsche e finalizando con Heidegger e a época contemporánea.

Ademais do enfoque histórico baseado nos autores, inclúense capítulos temáticos que axudan a pensar cuestións clave como a relación entre *esencia* e *existencia*, a tensión entre *inmanencia* e *transcendencia*, ou as distincións entre *ser* e *ente*. Estes temas, tratados especificamente, complementan o percorrido cronolóxico, axudando a desenvolver ferramentas conceptuais para comprender os debates metafísicos desde unha perspectiva ampla e temática.

Pola contra, os debates sobre a cuestión do coñecemento, a experiencia e os límites do saber filosófico serán abordados na segunda parte do libro, dedicada á epistemoloxía. Este enfoque é adoptado co ánimo de tentar separar cuestións ontolóxicas e metafísicas, por unha banda, e preguntas epistemolóxicas, por outra, destacando as diferentes orientacións adoptadas polos filósofos modernos e contemporáneos.

A metafísica non é unha materia concluída, senón que se mantén como unha vía de reflexión, que segue a transformarse. Tales transformacións deixan clara a complexidade dos temas dos que se ocupa, desde a procura de principios alén de todo cambio ata a afirmación de que todo é devir. Nos capítulos seguintes, trataremos os distintos enfoques destas cuestións, desde a época antiga á contemporánea, deténdonos a considerar como cada etapa contribuíu a redefinir a cuestión central da metafísica, que segue a ser a mesma: que significa ser?

A cuestión do ser e o cambio na Filosofía grega: Fundamentos da metafísica

A metafísica, desde a súa orixe, aborda unha cuestión esencial: que é o ser? Esta pregunta, que podería parecer abstracta, sitúase no cerne da nosa comprensión do mundo e de nós mesmos. Preguntar polo ser implica explorar a natureza última da realidade, aquilo que permanece máis alá das transformacións visibles e das experiencias cambiantes. Esta procura filosófica busca discernir entre o que é aparente e o que é verdadeiro, entre o cambio e a permanencia.

Os primeiros filósofos presocráticos iniciaron este debate observando a natureza *(physis)* e formulando hipóteses sobre o principio *(arché)* que dá orixe e unidade ao cosmos. Tales de Mileto identificou a auga como o principio fundamental, mentres que Anaximandro propuxo o *ápeiron* (o ilimitado) como substrato primordial. Estes esforzos inauguraron unha tradición de investigación racional que buscaba respostas universais e necesarias, en contraste coas explicacións míticas.

Heráclito de Éfeso (544 a. C.–484 a. C.) representa unha das primeiras aproximacións ao problema do cambio. A súa famosa máxima «todo flúe» *(panta rhei)* resume a súa visión dun mundo en constante transformación. Para Heráclito, o lume simboliza a enerxía dinámica e creadora que estrutura o cosmos. Este elemento non só representa o cambio continuo, senón tamén a tensión entre os opostos, xa que a harmonía do universo xorde precisamente do equilibrio entre forzas contrarias.

O *logos* desempeña un papel central no seu pensamento, actuando como a lei universal que organiza e rexe o fluxo da realidade. O logos é a razón oculta que proporciona orde no devir e que pode ser descuberta mediante a razón humana. Heráclito rexeita a idea dunha realidade estática e propón que o cambio é a esencia fundamental do ser. Esta visión dinamista non só influíu na metafísica posterior, senón que tamén estableceu as bases para a comprensión dialéctica da realidade.

En claro contraste, Parménides de Elea (arredor do 530 a. C.–460 a. C.) propón unha visión radical sobre a natureza da realidade e do ser. A súa tese fundamental resúmese na afirmación de que *o ser é* e *o non-ser non é*. A partir desta premisa, desenvolve un sistema rigoroso que vai en contra do sentido común e a percepción sensorial, poñendo en primeiro plano a razón como guía cara á verdade.

Para Parménides, a realidade é unha e indivisible. Pero, como pode ser isto? A razón ofrécenos o seguinte argumento:

Todo o que existe ten en común o ser. Entón, se a realidade estivese composta por múltiples entidades, estas deberían estar separadas entre si. Porén, se o que teñen en común é o ser, esta separación só podería darse mediante algo que non é ser, é dicir, o non-ser. Mais o non-ser non existe. Polo tanto, a diferenza entre unhas partes e outras sería imposible, xa que só o ser existe. Así, a realidade non admite divisións internas: é continua, unitaria e plena.

Calquera intento de imaxinar unha multiplicidade implica aceptar contradicións lóxicas. Se un ente é distinto doutro, diferenciaríanse no que non son, no non-ser. Pero o non-ser non pode ser fundamento de nada. En consecuencia, a diversidade é unha ilusión. A realidade é, por necesidade, unha unidade compacta e indivisible.

Outra idea esencial de Parménides é que o ser é inmutable e inmóbil. Razoemos:

Se o ser cambiase, tería que pasar de ser algo a ser outra cousa, abandonando o que era para converterse no que non era. Mais isto implicaría deixar de ser (pasar ao non-ser) ou comezar a ser desde o non-ser, ambos os casos imposibles segundo a súa teoría. Por tanto, o ser é invariable e eterno.

Do mesmo modo, o ser non pode moverse. O movemento supón estar nalgún lugar e despois noutro, o que implicaría non estar no lugar anterior e pasar ao non-ser. Isto é contraditorio. Así, o ser permanece fixo, completo e sen alteracións.

Parménides conclúe que o ser é único, eterno, inmóbil e necesario. Esta concepción choca frontalmente coa experiencia sensorial, que nos presenta un mundo de multiplicidade, cambio e movemento. Mais Parménides rexeita a fiabilidade dos sentidos e sostén que só a razón pode acceder á verdade.

O mundo das aparencias, co seu devir constante, é unha ilusión. Só a reflexión racional permite superar estas falsidades e captar a estrutura auténtica da realidade: o ser como unidade indivisible e inalterable.

Esta concepción marcou un punto de inflexión na historia da filosofía, obrigando os pensadores posteriores a tratar de reconciliar o dinamismo percibido no mundo sensible co ideal de estabilidade defendido por Parménides. Platón, como veremos, elabora unha solución dualista que integra estes dous enfoques.

A tensión entre Heráclito e Parménides configura o debate filosófico sobre o ser e o cambio. Mentres Heráclito sostén que a realidade é fluxo, Parménides afirma que é estabilidade. Esta oposición impulsa unha reflexión máis profunda sobre a natureza da existencia, levando á procura de sínteses que poidan integrar ambas perspectivas.

Platón herda este debate e propón unha solución dualista: un mundo sensible sometido ao cambio e un mundo intelixible onde residen as Ideas eternas e inmutables. Esta formulación, que será tratada no vindeiro capítulo, busca combinar a experiencia do cambio coa necesidade dun fundamento estable para o coñecemento e a realidade.

Aristóteles, pola súa parte, buscará resolver esta tensión entre cambio e permanencia mediante a súa teoría hilemórfica. Considera que os seres están compostos de materia (*hyle*) e forma (*morphé*), permitindo así explicar o cambio como a actualización dun potencial preexistente na materia. O cambio, para Aristóteles, non implica unha contradición, senón a realización progresiva dun ser en función da súa esencia e finalidade. Desenvolveremos esta perspectiva máis adiante, destacando a súa influencia na metafísica posterior.

Deste modo, a cuestión do ser e o cambio permanece como un dos problemas centrais da metafísica. Os filósofos presocráticos abriron camiños que seguen sendo explorados na filosofía contemporánea. Heráclito e Parménides ofrecen respostas opostas, pero complementarias, que preparan o terreo para sínteses posteriores como a de Platón e a resolución final de Aristóteles. A análise destas propostas non só ilumina os fundamentos do pensamento occidental, senón que tamén proporciona ferramentas para comprender a complexidade do mundo actual.

A metafísica en Platón: Diálogo entre Heráclito e Parménides

A filosofía de Platón (428/427 ou 424/423 a. C.–347 a. C.) desenvolve a súa ontoloxía como resposta directa ás tensións conceptuais entre Heráclito e Parménides. Mentres Heráclito defende a realidade como cambio perpetuo e Parménides como estabilidade inmutable, Platón propón unha síntese dualista que busca integrar ambas perspectivas. Esta síntese culmina na súa teoría das Ideas, onde recoñece un mundo sensible en constante transformación e un mundo intelixible eterno e perfecto.

Platón estrutura a realidade en dous niveis fundamentais. Por unha banda está o mundo sensible, que é o mundo percibido polos sentidos, caracterizado pola multiplicidade, o cambio e a imperfección. Aquí, as cousas materiais son copias ou sombras das realidades auténticas. Estas imaxes están sometidas á xeración e corrupción, o que as fai incapaces de proporcionar coñecemento verdadeiro.

Pola outra banda, temos ao mundo intelixible, o reino das Ideas ou Formas, que son esencias eternas, inmutables e perfectas. Este mundo transcende o sensible e só pode ser comprendido a través da razón. As Ideas constitúen a verdadeira realidade e serven de modelo para as cousas sensibles.

Esta dualidade permite a Platón resolver o dilema entre o cambio de Heráclito e a inmobilidade de Parménides. O mundo sensible participa do fluxo perpetuo descrito por Heráclito, mentres que o mundo intelixible conserva a estabilidade defendida por Parménides.

Platón postula que as Ideas son entidades reais, inmutables e universais que existen independentemente dos obxectos materiais. As Ideas son as causas últimas da orde e da estrutura do mundo sensible. Por exemplo, unha árbore concreta é unha copia imperfecta da Idea de Árbore.

As Ideas son, por tanto, eternas e inmutables —como o ser de Parménides—, serven como modelos ou paradigmas das cousas sensibles, e son cognoscibles só a través da razón, non dos sentidos.

Deste xeito, a relación que se establece entre os dous mundos é tal que as cousas sensibles participan ou imitan as Ideas, mentres que o coñecemento verdadeiro *(episteme)* é o recoñecemento das Ideas, o que implica aceptar que o coñecemento sensible só proporciona opinións *(doxa)*.

Esta concepción resolve o problema ontolóxico ao distinguir entre o ser verdadeiro e o devir aparente. Así, Platón logra preservar a unidade do ser e, ao mesmo tempo, recoñecer o dinamismo do mundo material.

Platón ilustra a súa ontoloxía no «Mito da Caverna», contido na *República*. Neste relato, os prisioneiros ven só sombras proxectadas nun muro, interpretando estas imaxes como a realidade. A saída da caverna simboliza o ascenso da alma desde o mundo sensible ata a contemplación das Ideas no mundo intelixible. Este mito reflicte a transición do coñecemento sensible á verdade racional, representando o camiño filosófico como un proceso de liberación e iluminación.

No cumio do mundo intelixible atópase a Idea do Ben, fonte de toda realidade e coñecemento. O Ben cumpre unha función similar ao sol no mundo físico, iluminando as Ideas e permitindo a súa comprensión. Platón asocia o Ben coa perfección última, facendo dela o principio organizador do cosmos.

Así, vemos como Platón constrúe unha ontoloxía que integra as contribucións de Heráclito e Parménides sen negar ningunha delas. Ao recoñecer a dualidade entre o sensible e o intelixible, supera a antítese entre cambio e permanencia. Esta síntese marcou a metafísica occidental, influíndo tanto en Aristóteles como na filosofía medieval e moderna.

A este respecto, para explicar máis detidamente a función do Ben na ontoloxía platónica, é oportuno, quizais, formular unha pregunta: É posible pensar nunha posición intermedia entre ser e non ser? Na orde da existencia actual, cando menos, non; unha cousa é ou non é, e non hai termo intermedio entre estas dúas posicións. Como di Hamlet: «ser ou non ser, esta é a cuestión».

Pero as cousas suceden doutra maneira no mundo platónico, no cal hai «graos de ser», ou da realidade. Por isto Platón pode dicir acerca das cousas sensibles que son, aínda que non de todo.

No seu libro *Parménides*, Platón presenta un diálogo no que Zenón expón un discurso co propósito de demostrar os absurdos que derivan da aceptación da multiplicidade dos entes. Por exemplo, se os entes son múltiples, deberían ser ao mesmo tempo semellantes e diferentes, o que parece contraditorio. Sócrates responde argumentando que a pluralidade é posible se se adopta a teoría das Ideas. Segundo esta teoría, o mundo sensible depende ontoloxicamente do mundo intelixible. Algo pode ser semellante e diferente porque participa simultaneamente das Ideas de Igualdade e Desigualdade. O que un ente non pode ser é o «absolutamente parecido» ou o «absolutamente diferente», xa que tales atributos opostos só son impensables cando se aplican ás Ideas mesmas.

Neste contexto, o personaxe de Parménides emprende unha crítica rigorosa contra a teoría das Ideas, enfocándose especialmente na relación entre as Ideas e os entes sensibles. Pregunta a Sócrates se admite a existencia dunha Idea para cada ente posible, e Sócrates afírmao. Parménides leva esta afirmación ata o extremo, cuestionando se tamén haberá Ideas para aquilo que é negativo, trivial ou indigno, como a escuridade, a confusión ou o erro. Esta observación pretende mostrar os límites e posibles incoherencias da teoría.

Con todo, a crítica máis fundamental céntrase na noción de participación. O Parménides histórico afirmara de maneira categórica que «aquilo que é, é, e aquilo que non é, non é». Platón, porén, afástase desta posición tan ríxida. Para el, o problema non radica en distinguir entre o ser e o non-ser como opostos irreconciliables, senón en comprender que algunhas cousas existen, aínda que non de maneira plena ou absoluta. En lugar de contrapoñer ser e aparencia, Platón esforzouse por mostrar que incluso na aparencia hai algo de realidade.

Deste xeito, o problema filosófico deixa de ser a oposición entre o ser e o non-ser para converterse nunha reflexión sobre aquilo que é verdadeiramente real fronte a aquilo que, sendo real, non o é de forma plena. Esta matización permite abordar o mundo sensible como unha mestura de realidade e aparencia, onde as Ideas actúan como principios estruturantes.

As dificultades desta doutrina da participación quedan expostos no diálogo *Parménides*. A primeira cuestión que se formula é se todas as relacións observables no mundo sensible deben ter un correlato no mundo intelixible. No mundo sensible, cada cousa participa dunha multiplicidade de Ideas, incluso de Ideas que son opostas entre si. Por exemplo, unha árbore pode ser máis alta ca un arbusto e, ao mesmo tempo, máis baixa ca unha montaña. Así, participa á vez da altura e da pequenez. Ademais, un mesmo obxecto pode ser liso e rugoso, luminoso e sombrío, útil e inútil. Estas mesturas complican a explicación das relacións entre Ideas.

A segunda cuestión é se tamén as Ideas participan entre si. Por exemplo, a beleza parece participar da simetría, a simetría da igualdade, e a igualdade da proporción. Se as Ideas participan unhas doutras, xorde o problema de como poden manter a súa consistencia e identidade. É necesario, por tanto, un principio maior capaz de explicar estas relacións.

Así o fai Platón na *República*, onde, tras describir a orde da aparencia e, despois, a orde da verdadeira realidade —que é o mesmo que o da intelixibilidade— afirma que a *ousía*, a substancia, a esencia, o verdadeiramente real, non constitúe o nivel supremo da realidade. Por encima e máis aló da *ousía* atópase un principio transcendente, o *epekeina tes ousía*s, que significa literalmente «máis aló do ser». Este principio é o Ben, do cal Platón asegura que supera ao ser tanto en poder como en dignidade.

Pero, que é o Ben? O certo é que non podemos definilo directamente, xa que Platón mesmo evita especificalo. Se está máis aló do ser, como poderiamos afirmar que é? Como poderiamos describilo mediante conceptos que dependen precisamente do ser? A súa supremacía fai que non poida ser reducido a categorías convencionais, quedando como algo que transcende as nocións ordinarias de existencia.

Outra dificultade significativa que xorde na teoría da participación é entender como unha Idea pode participar da súa propia unidade. Se unha Idea é idéntica a si mesma, debe ser unha. Pero como se pode concibir esta unidade? Por exemplo, a beleza é aquilo que significa ser belo, e a verdade é aquilo que significa ser verdadeiro. Con todo, debido a que cada unha destas Ideas é tamén unha, participan doutro principio: a Idea de unidade.

Platón resolve este problema cunha estratexia semellante á que adopta na *República*. Considera o Un como un principio distinto do ser, definíndoo simplemente como unidade pura. Deste modo, afirma que o Un non é no sentido convencional. Ao situar o Un fóra da esfera do ser, fai que sexa inefable e incomprensible: non pode ser descrito mediante categorías como igual ou diferente, múltiple ou singular.

Se o Un existe, entón debe ser absolutamente un, é dicir, indivisible e imposible de analizar mediante conceptos adicionais. Esta condición convérteo en algo que non pode ser captado plenamente polo entendemento humano. Así, Platón recoñece que o cognoscible depende dun principio que, en si mesmo, é incognoscible. Xa sexa que o denominemos o Un ou o Ben, o feito permanece: nin o ser nin a intelixibilidade ocupan o lugar supremo na xerarquía ontolóxica.

Este enfoque destaca a tensión entre a realidade accesible á razón e aquela que escapa á comprensión conceptual, subliñando a complexidade e a profundidade da metafísica platónica.

Esta hipótese adquire unha importancia central na época helenística e converterase no fundamento do neoplatonismo. Plotino (204/205–270), seguindo as pegadas de Platón, establece o Un como o principio supremo e transcendente, máis real que a realidade mesma. Para Plotino, o Un é o obxecto máis alto de contemplación e adoración, pero, estritamente falando, non pode ser considerado un obxecto, precisamente porque transcende o ser.

A transcendencia do Un queda así perfectamente clara: o ser xa non ocupa o lugar do primeiro principio, nin na metafísica nin na estrutura da realidade. Para Plotino, o ser é o segundo principio, derivado dun superior. Este principio tan perfecto en si mesmo non é, precisamente porque ser implicaría unha limitación. Por iso pode ser a causa do ser, porque o primeiro principio non é ser. Se o primeiro principio fose el mesmo un ser, entón o ser sería o principio absoluto e non podería ter unha causa.

En Plotino, as cousas están feitas de ser, pero este ser non é autónomo; emana do Un, que non é. A separación entre o mundo material e o seu principio transcendente é abismal e insalvable. Outras filosofías afirmarían que os seres proveñen dun Ser supremo, como suxire a derivación do termo latino *ens* a partir do verbo *esse*. Pero para Plotino, o ser (*einai*) deriva do un (*hen*), creando unha xerarquía ontolóxica radicalmente distinta.

Esta visión neoplatónica enfatiza a inefabilidade do Un, destacando a súa transcendencia e misterio. Este enfoque outorga un sentido sagrado e metafísico a todo o existente, xa que todo o real participa, en última instancia, deste principio supremo.

Outra vía para comprender o Un é a experiencia mística de unión con el. Nesta perspectiva, o Un é visto como o Todo. Se o Un existe, entón é, e se o Un é, é todo. Deste modo, podería atribuírse calquera predicado e o seu contrario, converténdose así nun principio comprensible en termos absolutos. Esta idea influirá profundamente no idealismo alemán do século XIX, onde será identificado co concepto de Absoluto.

A metafísica de Plotino, inspirada no *Parménides* platónico, representa un intento audaz de conciliar transcendencia e unidade, establecendo as bases para a teoloxía negativa medieval e as concepcións posteriores sobre o divino.

A metafísica e a física en Aristóteles

A filosofía de Aristóteles (384 a. C.–322 a. C.) representa un xiro fundamental respecto á ontoloxía de Platón. Fronte ao dualismo platónico entre o mundo sensible e o mundo intelixible, Aristóteles propón unha visión inmanentista, na que a realidade se explica a partir da unidade entre materia e forma. Esta perspectiva, coñecida como hilemorfismo, integra cambio e permanencia a través dos conceptos de acto e potencia. É importante destacar, xa no inicio, que en Aristóteles non hai unha delimitación clara entre física e metafísica, motivo polo cal as cuestións relevantes a tratar se entrelazan formando parte de ambas dimensións constitutivas.

Para Aristóteles, o ser estúdase a partir do concepto de substancia *(ousía)*. A substancia é aquilo que existe por si mesmo e serve como suxeito dos cambios e propiedades. Esta análise estrutúrase a partir de dous compoñentes. Por unha parte está a materia *(hyle)*, é dicir, o substrato potencial, aquilo que pode chegar a ser algo concreto. E por outra parte está a forma *(morphé)*, isto é, o principio que actualiza a materia, conferíndolle identidade e estrutura.

A unión destes dous elementos dá lugar á teoría hilemórfica, segundo a cal todo ser está composto por materia e forma. A forma, ao actuar como principio organizador, introduce estabilidade no proceso de cambio, combinando as intuicións de Parménides sobre a permanencia co dinamismo de Heráclito.

Ademais, Aristóteles distingue entre *substancia primeira* e *substancia segunda*. A substancia primeira refírese ao individuo concreto, mentres que a segunda identifica a esencia ou forma universal, común a todos os individuos dunha mesma especie. Esta distinción permite explicar a realidade como un equilibrio entre o particular e o universal.

Un dos grandes logros de Aristóteles é a explicación do cambio sen recorrer á separación ontolóxica platónica. Para iso, introduce os conceptos de acto *(enérgeia)* e potencia *(dynamis)*: Co concepto de potencia Aristóteles refírese á capacidade dun ser para adquirir unha nova forma ou estado, mentres que con acto afirma a actualización desa capacidade, a súa realización efectiva.

En función desta distinción, o cambio defínese como o paso da potencia ao acto, mantendo a continuidade do ser durante o proceso. Esta solución supera a dicotomía platónica ao situar a transformación como parte constitutiva da realidade. Vexámolo un pouco polo miúdo.

Como explica Aristóteles na *Metafísica*, a «natureza» é a esencia dos seres que teñen en si mesmos o principio do cambio. Con esta definición, Aristóteles recolle a noción presocrática de *physis* pero restrinxe este concepto ao ámbito dos seres naturais. A natureza coincide, así, co conxunto dos seres físicos, aqueles nos que o cambio é unha propiedade inherente.

Por exemplo, as plantas, os animais e os elementos como a auga ou o lume son seres naturais porque o seu desenvolvemento e transformacións responden a unha dinámica interna. En cambio, obxectos artificiais como unha estatua ou unha cadeira non teñen un principio de cambio en si mesmos; calquera modificación dependerá da acción externa dun axente. Un carballo crece porque a súa esencia inclúe a capacidade de desenvolver raíces, tronco e follas, mentres que unha estatua só cambia pola intervención dun escultor ou polos efectos externos do ambiente.

Ademais, os seres naturais non cambian de maneira arbitraria, senón que seguen unha finalidade implícita na súa esencia. Unha semente medra para converterse nunha árbore; un animal móvese para alimentarse ou reproducirse. Esta perspectiva teleolóxica distingue os seres naturais dos artificiais, cuxo propósito depende da intención do ser humano que os crea.

Unha vez establecido que o cambio é unha propiedade inherente á natureza, Aristóteles explora a súa esencia. Define o cambio como un tránsito entre un estado de potencia *(dynamis)* e un estado de acto *(enérgeia)*. O cambio implica, por tanto, a actualización dunha potencialidade ata a súa realización efectiva.

Por exemplo, unha pedra colocada nunha pendente ten a potencia de rodar costa abaixo. Cando comeza a moverse, actualiza esa potencia e entra nun estado de acto. A clave do cambio, para Aristóteles, non reside nin na potencia (porque aínda non se realizou) nin no acto completo (porque xa culminou), senón no proceso intermedio: o movemento mesmo.

Este concepto vai máis alá da noción moderna de movemento, restrinxida ao desprazamento espacial. Para Aristóteles, o cambio inclúe procesos biolóxicos como o crecemento, transformacións químicas e alteracións substanciais. Así, o cambio abrangue un espectro máis amplo de fenómenos naturais.

A esencia do cambio tamén implica un aspecto infinito. Aristóteles observa que o movemento, en canto tránsito continuo, parece aproximarse ao infinito *(ápeiron)*. Esta idea resalta a complexidade do cambio como proceso dinámico e en constante actualización.

A explicación do cambio está directamente relacionada coa causalidade. Aristóteles formula o principio de causalidade: «todo o que se move é movido por algo». Este principio distínguese en dúas categorías. Por unha banda, está a causa interna, é dicir, o movemento ou desenvolvemento natural dunha substancia, propio da *physis*. Pola outra, está a causa externa, isto é, un axente externo que actúa como causa eficiente dun cambio.

Así mesmo, e complementando o anterior, para Aristóteles comprender un ser implica identificar as súas catro causas: a causa material —o substrato físico do que algo está feito—, a causa formal —a estrutura ou esencia que define a súa identidade—, a causa eficiente —é dicir, o axente ou forza que provoca o cambio— e, por último, a causa final —o propósito ou fin último cara ao que tende—. Esta análise teleolóxica proporciona unha explicación integral da realidade, en contraste co enfoque platónico centrado nas Ideas transcendentes.

Aristóteles, ademais de formular unha teoría do ser baseada nos conceptos de acto e potencia, tamén explora a natureza do coñecemento humano e a súa capacidade para captar o universal. Esta reflexión culmina na súa análise do intelecto *(nous)*, unha das contribucións máis influentes á filosofía posterior.

No seu tratado *Sobre a alma (De Anima)*, Aristóteles distingue entre dúas funcións principais do intelecto. Unha delas é a que chama *intelecto pasivo* ou *posible (nous pathetikos)*, que é a capacidade potencial para coñecer, unha especie de recipiente pasivo que pode recibir as formas ou esencias abstractas a partir das impresións sensibles. Sen este intelecto receptivo, o pensamento sería imposible, pois é el quen almacena e organiza os contidos. A outra función é o *intelecto activo (nous poietikos)*, que actúa como principio iluminador, transformando en acto aquilo que no intelecto posible estaba en potencia. Aristóteles compárao coa luz, que fai visibles os obxectos e os revela para a percepción. O intelecto activo desempeña un papel clave ao abstraer as formas universais dos obxectos sensibles e facelas accesibles ao coñecemento racional.

Esta distinción permite explicar como o ser humano transcende o coñecemento puramente sensible para alcanzar verdades universais e necesarias. Mentres o intelecto posible é pasivo e mortal, o intelecto activo posúe unha dimensión inmortal e eterna, afirmación que xerou amplos debates sobre a súa natureza e relación co individuo.

No cumio da súa metafísica, Aristóteles postula a existencia dun «primeiro motor inmóbil», principio eterno e necesario que garante o movemento sen ser el mesmo movido. Este motor actúa como causa final, atraendo todas as cousas cara á súa perfección e plenitude. O *primeiro motor* representa a síntese definitiva entre cambio e permanencia, xa que encarna a actualidade pura (acto sen potencia), reconciliando a dinámica do mundo físico co principio metafísico da estabilidade.

A metafísica aristotélica marcou profundamente o pensamento filosófico posterior, pero nos séculos seguintes a súa influencia diminuíu, a través da reinterpretación que de Platón fixeron distintas escolas como o neoplatonismo. Plotino, principal representante desta corrente, adaptou e transformou conceptos platónicos, dando lugar a unha visión centrada na transcendencia do Un, como xa vimos.

Plotino propuxo unha estrutura metafísica baseada na emanación, segundo a cal o ser deriva do Un, un principio absoluto e inefable. Esta visión serviu de ponte entre a metafísica clásica e a cristiá, influíndo de maneira decisiva en pensadores como Agostiño. O neoplatonismo proporcionou así unha base filosófica que permitiu integrar as tradicións gregas na nova cosmovisión relixiosa, dando paso ao desenvolvemento da metafísica medieval.

En todo caso, Aristóteles ofrece unha ontoloxía e unha física que integran o cambio e a permanencia sen recorrer a un dualismo radical. A través da teoría hilemórfica, o sistema de causas e o concepto de acto e potencia, supera as limitacións da Teoría das Ideas de Platón. Esta perspectiva influíu profundamente na filosofía medieval e moderna, converténdose nun marco esencial para a comprensión da realidade.

A Filosofía medieval: Metafísica e teoloxía

A filosofía medieval tivo lugar nun momento histórico no que a relixión cristiá se converteu no centro da sociedade e a cultura occidental. Esta época, que inicia no século V e chega ata o XV, ten como característica decisiva a tentativa de atopar unha síntese harmónica entre a fe cristiá e a razón, propia da filosofía grega e, especialmente, de Platón e Aristóteles.

A reflexión na que se basea o pensamento medieval é, por tanto, a cuestión da relación entre razón e fe. Esta cuestión abórdase desde distintas perspectivas, aínda que as máis importantes son sen dúbida a de Santo Agostiño de Hipona e a de Santo Tomé de Aquino. Ambos darán lugar a unha proposta de síntese na que a filosofía depende inexorablemente da relixión, aínda que mantén certo grao de autonomía, cun papel e unha acción ben delimitada.

Santo Agostiño de Hipona (354–430), en primeiro lugar, considérase un dos pensadores con maior influencia ao longo da época medieval, chegando a ser relevante mesmo en debates modernos e contemporáneos. É, así, o representante fundamental da época Patrística. O seu pensamento constitúe unha tentativa de chegar a un acordo harmónico entre a filosofía grega, moi especialmente o neoplatonismo, e a relixión cristiá. Na súa obra, o seu obxectivo máis importante é poder demostrar que a razón e a fe non son incompatibles, senón complementarias, e que ambas se axudan para poder chegar a alcanzar o coñecemento verdadeiro, a fundamentación última das cousas, a saber, Deus.

Para Santo Agostiño, Deus é o principio absoluto do ser e a fonte da que emana toda realidade. A creación, dese xeito, é entendida como un acto libre de Deus, que outorga a existencia ás criaturas desde a nada *(creatio ex nihilo)*. Esta visión contrasta coa de Platón, pois o ateniense asumía a existencia dunha materia eterna. Por iso, para Agostiño de Hipona todo o creado ten unha dependencia absoluta respecto de Deus.

Para Santo Agostiño o ser é xerárquico, é dicir, organízase xerarquicamente. Nesa medida, o mundo está organizado de tal modo que as criaturas máis próximas a Deus son tamén máis perfectas. Pola contra, as cousas creadas son continxentes, é dicir, poderían non existir, non son necesarias, o que reforza a súa dependencia do único ser necesario existente: Deus.

Santo Agostiño, seguindo esta liña de pensamento, desenvolve unha epistemoloxía que se basea na participación na luz divina. Ao modo de Platón, defende que o ser humano pode accede á verdade seguindo unha iluminación interior que experimenta grazas a que Deus a outorga a aqueles que manteñen a fe.

Así mesmo, existen verdades universais e necesarias, como por exemplo as matemáticas ou os principios nos que se basea a lóxica aristotélica, e por tanto non poden provir dos sentidos, que sempre cambian, senón que teñen que depender de algo que sexa en última instancia eterno e inmutable. Tal é Deus. É El quen ilumina a mente humana, e permite que esta recoñeza cales son as verdades eternas. O coñecemento só é posible cando hai intervención divina.

Unha das contribucións máis orixinais de Santo Agostiño refírese á cuestión do tempo. No seu libro *Confesións* propón que o tempo tamén é unha creación de Deus, por iso só existe no presente, xa que o pasado xa foi, soamente podemos gardar memoria del, e o futuro non é, mantense simplemente como expectativa humana. Segundo Santo Agostiño, o tempo é subxectivo, non existe de forma obxectiva, senón como unha experiencia interna da mente humana. Pola contra, existe a eternidade divina, pois Deus, ao contrario que as criaturas, é eterno e atemporal, existindo fóra do fluxo do tempo.

Así mesmo, Santo Agostiño trata a cuestión do mal, entendéndoo como unha carencia ou privación de ben *(privatio boni)* e non como algo real, con consistencia propia. Esta interpretación consegue evitar que Deus sexa causante do mal. Pola contra, o mal moral ten a súa orixe na liberdade do ser humano, xa que pode apartarse do ben facendo uso do seu libre albedrío. O mal físico, pola súa banda, é permitido porque Deus ten un plan maior para a salvación no que aquel non é senón unha parte necesaria.

A herdanza máis clara de Santo Agostiño é a procura da verdade a través da combinación entre fe e razón, que pese a estar xerarquicamente ordenadas, son ambas importantes. Esta proposta terá unha influencia moi grande en toda a Escolástica medieval, así como na teoloxía cristiá, sentando as bases para cuestións filosóficas e teolóxicas que aínda hoxe seguen sendo debatidas.

Na transición entre o pensamento de Santo Agostiño e o de Santo Tomé de Aquino acaba sendo fundamental o fito da recuperación das obras de Aristóteles, especialmente a través das interpretacións que realizaron filósofos árabes. Este proceso deu lugar á escolástica, un sistema que tamén procurou combinar filosofía e teoloxía, harmonizando a fe cristiá coa filosofía de Aristóteles.

O personaxe fundamental desta época é Averroes (Ibn Rushd, 1126–1198), pois os comentarios que fixo sobre Aristóteles foron decisivos no pensamento posterior, ao delimitar un marco filosófico onde as relacións entre razón e fe atoparon un cariz distinto.

Durante a Alta Idade Media, o pensamento de Aristóteles foi practicamente descoñecido en toda Europa occidental. Non obstante, si se mantivo, traduciu e estudiou noutras culturas, maiormente en Al-Andalus e no mundo árabe. As obras do estaxirita foron paulatinamente regresando a Occidente, grazas a traducións ao latín desde o árabe e o grego, e volveron acompañadas por comentarios filosóficos de pensadores islámicos como, por exemplo, Averroes ou Avicena (Ibn Sina). Esta recuperación de Aristóteles serviu para modificar o enfoque filosófico adoptado, transitando desde unha visión platónico-agustiniana ata unha máis empírica, centrada na experiencia e na lóxica, máis acorde co pensamento aristotélico.

Averroes, en liña co estaxirita, defendeu a razón como a ferramenta fundamental para coñecer a realidade, situando o coñecemento filosófico ao mesmo nivel que a revelación relixiosa. Os seus comentarios sobre Aristóteles foron especialmente influentes no referido ao que se coñeceu co nome de *teoría do intelecto*. Para Averroes, seguindo a Aristóteles, o intelecto divídese en dous, ou ten dúas partes. Un deles é o intelecto activo, que é universal e eterno. Pola contra, o intelecto pasivo é individual e mortal. Esta concepción foi moi controvertida e propiciou debates sobre a inmortalidade da alma, que Tomé de Aquino reinterpretará posteriormente desde unha perspectiva cristiá.

Averroes tamén propuxo a posibilidade de que a filosofía e a relixión puidesen chegar a verdades diferentes sen ser contraditorias. Isto coñeceuse co nome de «dobre verdade», idea que será amplamente discutida e criticada polos escolásticos, en particular por Aquino, quen tentará demostrar a unidade entre razón e fe.

A transición entre Santo Agostiño e Santo Tomé de Aquino, por tanto, reflicte o paso dunha filosofía baseada no neoplatonismo e na iluminación divina cara a un sistema máis empírico e organizado, segundo as influencias aristotélicas. Averroes, en tanto pensador intermedio das tradicións islámica e cristiá, xogou un papel crucial na confluencia do pensamento clásico e a escolástica medieval.

A apertura filosófica que aparece neste período terá o seu seguinte desenvolvemento coa obra de Tomé de Aquino, quen buscará e atopará un equilibrio entre fe e razón, establecendo dese xeito os cimentos da filosofía medieval tardía e, con ela, do pensamento moderno.

Tomé de Aquino (1225-1274) é unha das figuras centrais da filosofía medieval e o máximo expoñente da escolástica. A súa obra representa a culminación dun longo proceso de integración entre a razón filosófica e a fe cristiá. Inspirado por Aristóteles e influenciado polos comentarios de filósofos islámicos como Averroes e Avicena, Santo Tomé elaborou unha síntese que estableceu as bases do pensamento filosófico e teolóxico occidental.

Un dos eixes fundamentais da súa metafísica é a distinción entre esencia e existencia. Por unha banda, está a esencia, é dicir, o que define a natureza ou identidade dun ser (o que algo é). Por outra, a existencia, isto é, o acto polo cal un ser é (o feito de que algo existe).

Para Santo Tomé, só en Deus coinciden esencia e existencia de forma necesaria; nos seres creados, a existencia é recibida como un don. Esta distinción permite concibir a creación como un acto continuo de participación no ser divino.

Inspirado en Aristóteles, Tomé de Aquino adopta a teoría das catro causas para explicar a realidade, distinguindo entre causa material —a substancia física dun ser—, causa formal —a estrutura ou forma que determina a identidade—, causa eficiente —o axente ou forza que produce o ser—, e finalmente, a causa final —o propósito ou finalidade cara á que tende o ser—. Esta visión teolóxica encaixa coa idea cristiá de que o mundo está ordenado por Deus para cumprir un propósito divino.

Santo Tomé defende que razón e fe son dúas vías complementarias para acceder á verdade, pois a razón pode coñecer verdades evidentes como a existencia de Deus a través do estudo do mundo natural (teoloxía natural) mentres que a fe completa os límites da razón, revelando misterios divinos como a Trindade e a Encarnación. Esta harmonización resolve os conflitos propostos por Averroes e reforza a idea de que a filosofía é serva da teoloxía *(ancilla theologiae)*.

En canto á síntese ente razón e fe, e a súa maneira de operar no que refire a cuestións fundamentais como a existencia de Deus, na súa obra *Suma Teolóxica* propón cinco vías racionais para demostrala. Mais, antes de examinar as probas propostas por Tomé de Aquino, resulta útil revisar unha das formulacións máis influentes na historia da filosofía: o *argumento ontolóxico* para a existencia de Deus, desenvolvido por Anselmo de Canterbury (1033–1109). Este argumento pretende demostrar a existencia de Deus *a priori*, é dicir, sen depender da experiencia sensible.

No seu tratado *Proslogion*, Santo Anselmo define a Deus como «aquilo maior do cal nada pode ser pensado» *(id quo maius cogitari nequit)*. A partir desta definición, razoou do seguinte modo: Deus é o ser máis grande e perfecto que podemos concibir. Se existise só na mente, poderiamos pensar nun ser aínda maior, que sería un que existise tanto na mente como na realidade. Por tanto, para ser verdadeiramente o ser máis perfecto, Deus debe existir tamén na realidade.

Este enfoque baséase na idea de que a existencia real é unha perfección maior que a existencia só como idea. Negar a existencia de Deus sería contraditorio, pois significaría concibir un ser máis perfecto que aquel definido como o máis perfecto posible.

A formulación de Santo Anselmo recibiu críticas significativas, incluíndo a de Tomé de Aquino, quen rexeitou este enfoque *a priori*. Para Santo Tomé, non é posible deducir a existencia de Deus exclusivamente a partir dun concepto. Argumentou que a existencia non é unha propiedade inherente aos conceptos, senón algo que debe ser demostrado *a posteriori*, a partir da observación do mundo sensible.

Esta diferenza metodolóxica é clave para comprender o pensamento escolástico. Santo Tomé busca apoiar a existencia de Deus mediante probas baseadas na experiencia empírica e na orde natural, o que contrasta co racionalismo puramente conceptual de Santo Anselmo.

Dese xeito, Santo Tomé, consciente das limitacións do argumento ontolóxico, ofrece unha aproximación diferente baseada na experiencia sensible. As súas cinco vías propoñen demostracións *a posteriori*, extraendo probas da orde e do cambio no mundo natural. Son as seguintes. En primeiro lugar está a vía do movemento —todo o que se move é movido por outro, o que implica a existencia dun Primeiro Motor Inmóbil—, logo a vía da causa eficiente —todo efecto ten unha causa, levando a unha Causa Primeira—, a continuación a vía da continxencia —os seres continxentes (que poden ou non existir) requiren un ser necesario—, a seguir a vía dos graos de perfección —os diferentes graos de perfección nos seres apuntan a unha perfección absoluta— e, por último, a vía da finalidade —a orde do universo suxire un deseño intencionado, atribuíble a Deus—.

Como se ve, estas probas combinan a lóxica aristotélica coas crenzas teolóxicas cristiás.

A obra de Tomé de Aquino marca un punto culminante na filosofía medieval, sintetizando as tradicións de Platón, Aristóteles e o cristianismo. A súa visión integradora de razón e fe influíu decisivamente na filosofía moderna e continúa sendo unha referencia esencial na filosofía e teoloxía contemporáneas.

Deste modo, a filosofía medieval logrou unha síntese entre a herdanza filosófica clásica e a fe cristiá, creando un modelo de pensamento que dominou durante séculos. A combinación de razón e fe permitiu conservar e reinterpretar as ideas de Platón e Aristóteles, adaptándoas ao contexto teolóxico cristián. Esta tradición influíu decisivamente na filosofía moderna, que recollerá moitas das súas cuestións fundamentais, como a relación entre ciencia e relixión ou a natureza do coñecemento e do ser.

O ser e o ente

O pensamento grego sentou as bases da reflexión filosófica sobre o ser *(to einai)* e o ente *(to on)*. A cuestión do ser configurou o núcleo central da metafísica, preocupándose por entender que significa existir e cales son as condicións para que algo sexa considerado real. Mentres o termo «ente» fai referencia a todo aquilo que existe, o «ser» alude ao acto mesmo de existir. Esta distinción, que xorde na antiga Grecia, serviría como fundamento para os debates metafísicos posteriores.

Foi Aristóteles quen levou a cabo a sistematización máis completa do estudo do ser e do ente, establecendo distincións que influirían no desenvolvemento da metafísica occidental. O seu vocabulario filosófico é preciso e introdúcese nas diferenzas conceptuais que permiten abordar o problema do ser dende múltiples perspectivas. O estaxirita distingue entre *to einai* —o acto de ser, o feito de existir—, *to on* —o ente, aquilo que existe—, *to ti en einai* —a esencia, a estrutura fundamental que fai que algo sexa o que é—, *to ti esti* —o xénero ou categoría á que pertence un ente— e *tode ti* —o individuo concreto, a existencia particular e específica dun ser—.

Aristóteles parte da percepción sensorial para explicar como coñecemos o ser e o ente. O primeiro contacto co real dáse a través dos individuos concretos *(tode ti)*, pero o saber propiamente dito *(episteme)* busca ir máis aló, quere ser universal. Nese proceso, analízanse as propiedades e esencias *(to ti en einai)* que definen os entes e establécense categorías e xéneros *(to ti esti)* que organizan a diversidade do real.

Con todo, Aristóteles non se detén na análise dos entes particulares, senón que aborda a cuestión do ser en termos universais. A súa metafísica postúlase como a ciencia que estuda *o ente en canto que ente (to on he on)*, isto é, que examina o ser nas súas propiedades máis fundamentais, sen restrinxirse a categorías concretas.

A análise do ser en Aristóteles adopta dúas orientacións principais. Por unha banda está presente unha perspectiva ontolóxica, na que o ser se analiza como substancia *(ousía)*. Neste sentido, distingue entre substancia primeira *(próte ousía)* —referida aos individuos concretos e particulares que existen— e substancia segunda *(deútera ousía)* —que designa a esencia ou natureza compartida por unha clase de seres—. Por outra banda, e ao mesmo tempo, mantén unha perspectiva teolóxica, na que o ser se interpreta como o divino *(to theion)*. Neste caso, Aristóteles formula a noción do *primeiro motor*, un principio eterno e inmóbil que actúa como causa última do movemento e da orde no universo.

Esta dobre dimensión, que Heidegger denomina «onto-teolóxica», converte a metafísica aristotélica nun marco integrador capaz de abordar tanto a análise dos obxectos naturais como a investigación das causas últimas e transcendentais da realidade.

O legado de Aristóteles no estudo do ser e do ente consolidou as bases da metafísica como disciplina filosófica. A súa análise detallada das nocións de substancia, esencia e acto de ser proporcionou os instrumentos fundamentais para examinar cuestións relativas á identidade, o cambio e a causalidade. Ademais, a súa perspectiva combinada —ontolóxica e teolóxica— estableceu un modelo conceptual que influíu profundamente na filosofía medieval e na escolástica.

A filosofía medieval herda as cuestións metafísicas formuladas na antigüidade, especialmente por Aristóteles, para reorganizalas e amplialas á luz da teoloxía cristiá. Nesta síntese, a metafísica medieval mantén o carácter «onto-teolóxico» da tradición aristotélica, ao tempo que introduce novas categorías para explicar a relación entre os entes creados e Deus como fonte suprema de existencia.

A cuestión central pasa a ser a existencia: como se explica o ser dos entes finitos en relación co ser infinito e autosuficiente de Deus. Esta perspectiva marca unha diferenza fundamental co pensamento grego, transformando o enfoque sobre a substancia e a existencia.

Tomé de Aquino mantén a estrutura hilemórfica aristotélica, segundo a cal a substancia está composta de materia *(hyle)* e forma *(morphé).* Con todo, introduce un principio metafísico novo: a existencia *(existentia).* Mentres en Aristóteles a substancia se define pola súa esencia *(to ti en einai),* pertencéndolle inherentemente o acto de existir *(to einai),* Santo Tomé concibe a substancia como unha combinación de esencia *(essentia)* e existencia *(esse),* na que, como vimos, a *essentia* é a estrutura interna que define o que un ente é, mentres que a *existentia* é o acto de ser que fai que un ente exista na realidade.

Esta innovación permite distinguir entre os entes creados, que reciben a existencia como un don externo e continxente, e Deus, cuxa existencia é necesaria e constitutiva *(ipsum esse subsistens).* Así, a existencia pasa a ser o elemento determinante do ser, desprazando a primacía da esencia aristotélica.

Os tomistas explican a existencia dos entes finitos como unha participación no ser divino. Esta relación non é de identidade, senón de analoxía: os seres creados existen dun modo semellante ao ser de Deus, pero en proporcións distintas. Deus é o único *ens a se* (ser por si mesmo), mentres que as criaturas son *entia ab alio* (seres que reciben a existencia doutro).

A teoría da analoxía non é aceptada por todos os autores medievais. De feito, é un dos motivos polos que se orixina un grande debate na época sobre a prioridade da esencia ou da existencia, e respecto aos distintos sentidos de ser. Por exemplo, Duns Escoto cuestiona a analoxía, e a súa teoría defende a univocidade do ser. Para Escoto, o ser é a noción máis universal e aplícase por igual a Deus e ás criaturas, afastándose así da idea de participación defendida por Tomé e achegándose á posición de Avicena, que consideraba a existencia como un accidente da esencia.

Outro cambio fundamental respecto de Aristóteles reside na concepción de Deus. No aristotelismo, Deus é unha substancia pura e inmaterial, unha forma sen materia. No tomismo, en cambio, Deus é definido como existencia pura, sen distinción entre esencia e existencia. Deus é «o ser» por excelencia (*ipsum esse*), fonte de toda realidade e causa última de todas as cousas.

Este enfoque elimina a tensión entre ontoloxía e teoloxía presente en Aristóteles. No tomismo, a metafísica xa non busca só explicar o ser en termos do cambio, senón tamén comprender a súa orixe e dependencia última da divindade.

Ademais, os escolásticos diferencian entre *ens reale* (ente real) —os entes concretos e materiais que existen independentemente do pensamento, e que corresponden ás substancias aristotélicas *(tode ti)*— e *ens rationis* (ente de razón) —nocións abstractas que existen só na mente, como os xéneros e especies, e mesmo os seres ficticios e imaxinarios—.

Esta distinción permite clarificar o papel dos conceptos abstractos na metafísica, distinguíndoos da realidade física. Así mesmo, prepara o terreo para as transformacións idealistas da filosofía moderna, que comezarán a concibir os entes primeiramente como contidos mentais.

A escolástica medieval reformula a metafísica aristotélica, desprazando o centro da reflexión desde o cambio á existencia. A integración da teoloxía cristiá permite explicar a existencia como un acto recibido nos entes finitos e inherente só en Deus. Esta síntese proporciona unha base conceptual sólida que marcará o paso cara á filosofía moderna, onde o enfoque se desprazará progresivamente cara ao papel do suxeito cognoscente e a análise epistemolóxica.

A metafísica en Spinoza: A substancia e o Absoluto

Baruch Spinoza (1632–1677) representa un elo crucial entre a metafísica medieval e o idealismo hegeliano. A súa obra, influenciada pola escolástica e polo racionalismo cartesiano, reformula a noción tradicional de Deus como ser transcendente para concibilo como unha substancia única, infinita e necesaria, identificada coa Natureza *(Deus sive Natura)*. Esta perspectiva permite superar as distincións entre ser e ente herdadas da filosofía medieval, integrándoas nun monismo radical que influirá profundamente no pensamento moderno e, especialmente, en Hegel.

Ao redefinir Deus como substancia infinita, Spinoza rompe co esencialismo escolástico, propoñendo unha ontoloxía na que todo o existente é expresión ou modo desta única substancia. Así, o problema da transcendencia é resolto en termos de inmanencia absoluta: Deus non está fóra do mundo, senón que é o mundo e as súas manifestacións.

O núcleo do pensamento spinoziano atópase na identificación entre Deus e Natureza. Na súa obra principal, a *Ética*, Spinoza define a substancia como aquilo que existe por si mesmo e é concibido por si mesmo. Dado que non pode haber máis dunha substancia con esta propiedade, Deus é identificado como a única substancia infinita e necesaria.

As características da Substancia, segundo as expresa Spinoza, son as seguintes. A Substancia é autosuficiente, pois Deus é causa de si mesmo *(causa sui)*, é dicir, existe necesariamente pola súa propia natureza. Tamén é infinita, pois posúe infinitos atributos, cada un dos cales expresa unha esencia infinita. Finalmente, é inmanente, xa que Deus non está separado do mundo, senón que o mundo é unha expresión ou modo de Deus.

Desta maneira, Spinoza supera a separación entre creador e criatura propia da escolástica, propoñendo unha relación de continuidade entre Deus e o mundo. Non hai unha creación no tempo, senón unha emanación eterna na que todo o que existe é unha modificación (modo) da substancia infinita.

Para explicar a multiplicidade dentro desta substancia única, Spinoza introduce os conceptos de atributos e modos, xa que esa Substancia que é Deus ten infinitos atributos que se expresan de diversos modos.

Os atributos son as calidades esenciais de Deus, a través das cales é comprendido. Os dous atributos coñecidos polos humanos son o pensamento e a extensión. O primeiro representa o mundo das ideas e o segundo o mundo material, pero ambos son expresións do mesmo principio.

Os modos, pola súa parte, son as modificacións particulares ou estados concretos dos atributos. Por exemplo, un corpo individual é un modo da extensión e unha idea é un modo do pensamento.

Deste xeito, Spinoza preserva a diversidade fenoménica sen comprometer a unidade da substancia. Todo o que existe, xa sexa mental ou físico, é unha manifestación desta realidade última e infinita.

Esta identificación entre Deus e Natureza tamén ten implicacións éticas e políticas. Ao concibir a realidade como unha orde necesaria, Spinoza elimina a idea de finalidade ou propósito externo. Dado que todo emana necesariamente da natureza de Deus, non hai lugar para a contixencia nin para o libre albedrío no sentido tradicional. Todo ocorre segundo as leis necesarias da substancia infinita.

Non obstante, Spinoza redefine a liberdade como a capacidade de actuar segundo a razón e comprender a necesidade. O ser humano é libre na medida en que coñece as causas do seu comportamento e acepta a orde necesaria do universo. Esta liberdade racional está estreitamente vinculada coa ética spinoziana, que propón a busca do coñecemento como camiño cara á beatitude.

A visión spinoziana da unidade entre Deus e Natureza ofrece unha perspectiva anticipatoria dos enfoques ecolóxicos e sistémicos actuais. A súa noción dunha realidade interconectada, onde todas as partes participan nunha estrutura única e necesaria, é relevante co gallo dos debates contemporáneos sobre, por exemplo, a relación entre os sistemas naturais, culturais e tecnolóxicos.

A idea de que todo ser particular é unha modificación dunha realidade única resoa, así mesmo, coas concepcións modernas sobre sistemas complexos e autoorganizados. En ecoloxía, por exemplo, os ecosistemas son vistos como redes de interdependencia, nas que cada elemento inflúe e é influído polos demais. Neste sentido, a filosofía de Spinoza pode interpretarse como un antecedente das teorías sistémicas modernas, que analizan a realidade como un conxunto de interaccións dinámicas.

Na mesma medida, tamén se pode considerar unha influencia no ecoloxismo contemporáneo, pois algúns pensadores como, por exemplo, Arne Næss, fundador da ecoloxía profunda, retoman a idea de interdependencia spinoziana para propoñer unha ética ambiental que recoñeza o valor intrínseco de todos os seres.

A afirmación de Spinoza sobre a unidade entre mente e corpo tamén se anticipa a debates contemporáneos sobre a cognición e a conciencia, xa que a neurociencia actual explora como os procesos mentais están profundamente vinculados á bioloxía do cerebro e do corpo, o que reforza a idea spinoziana dunha mente encarnada. Do mesmo xeito, investigadores como, por exemplo, Antonio Damasio reivindicaron a relevancia de Spinoza na comprensión da emoción e da racionalidade como procesos integrados, desmontando a separación cartesiana entre razón e paixón.

En canto á tecnoloxía, Spinoza pode interpretarse como precursor de reflexións sobre os límites entre o humano e o non humano. A súa idea de que os corpos e as mentes son expresións paralelas dunha mesma realidade pode dialogar coas propostas posthumanistas e ciberfeministas, como as de Donna Haraway e Karen Barad, que cuestionan as fronteiras fixas entre bioloxía e tecnoloxía, e que veremos máis adiante, na parte de epistemoloxía.

Resumindo, Spinoza propón unha metafísica radicalmente unitaria, onde a substancia infinita e necesaria é a base de toda realidade. A súa identificación entre Deus e Natureza, xunto coa concepción determinista da realidade, ofrece unha visión integrada do mundo que segue sendo relevante nos debates contemporáneos sobre ecoloxía, ciencia e tecnoloxía.

A súa filosofía establece unha ponte entre a metafísica clásica e as concepcións modernas da interconexión e da complexidade, anticipando moitos debates sobre o carácter relacional e dinámico do ser. A influencia de Spinoza esténdese, así, máis aló da metafísica especulativa, chegando ata as ciencias naturais, as teorías sistémicas e os debates sobre o posthumanismo.

En todo caso, Spinoza influíu profundamente na filosofía posterior a el, especialmente no idealismo alemán, e en Hegel en particular. Mentres Spinoza concibe o Absoluto como substancia estática, Hegel reinterpreta esta noción como un proceso dinámico no que a substancia se transforma en suxeito.

Hegel admira a coherencia racional do sistema spinoziano, pero critícalle a súa inmobilidade metafísica. Para Hegel, a verdade do Absoluto non reside nun ser inmóbil, senón nun desenvolvemento dialéctico no que a realidade se auto-revela progresivamente. Deste modo, Hegel considera que a filosofía de Spinoza representa un momento necesario no camiño cara a síntese futura que el desenvolverá, pero que debe ser superada pola dialéctica.

Así, o paso de Spinoza a Hegel marca a transición da inmanencia estática á dialéctica do ser e do coñecemento, sentando as bases para unha metafísica especulativa na que o Absoluto se comprende como proceso e relación.

A metafísica en Hegel

Georg W. F. Hegel (1770–1831) propón unha metafísica centrada no concepto de totalidade e desenvolvemento dialéctico. O ser, lonxe de ser unha entidade estática e fixa, defínese como un proceso en devir. A súa realidade verdadeira só se revela ao final dun proceso no que se superan as contradicións internas. Deste xeito, Hegel establece unha ontoloxía dinámica na que a verdade do ser se manifesta a través da súa historia e transformación.

Na súa visión, a totalidade é a clave para comprender o real. Só a partir da relación entre as partes e o todo é posible captar a verdade do ser. Así, Hegel reformula a metafísica como un sistema orgánico no que os conceptos non están illados, senón relacionados por medio da dialéctica.

Na *Fenomenoloxía do Espírito*, Hegel analiza o desenvolvemento do ser a través do proceso dialéctico polo que a conciencia se transforma ata alcanzar a autoconciencia. Este percorrido non só describe o desenvolvemento do saber, senón tamén o proceso metafísico polo que o ser se fai consciente de si mesmo. A través dun proceso dialéctico, a conciencia avanza cara á autoconciencia, recoñecendo que o suxeito e o obxecto están interconectados.

A conciencia, segundo Hegel, pasa por varias etapas para alcanzar o coñecemento absoluto. Primeiro non é senón conciencia que percibe o mundo como algo externo e independente. Máis adiante devén autoconciencia, descubrindo que o coñecemento é un proceso no que o suxeito participa activamente. Por último, convértese en Razón, ao comprender a unidade entre suxeito e obxecto, recoñecendo que ambos forman parte do mesmo proceso racional.

Neste proceso, a conciencia de si mesma só alcanza a súa satisfacción noutra autoconciencia, a través do recoñecemento mutuo. O proceso require, así, unha relación dialéctica entre o eu e o outro.

Hegel identifica o que Kant chamaba «noúmeno» co concepto de «Esencia» *(Wesen)*. A diferenza de Kant, que sostén que o noúmeno é incognoscible, Hegel afirma que a Esencia pode ser coñecida a través da especulación filosófica. A súa idea central é que, na *Fenomenoloxía do Espírito*, Esencia e fenómeno acaban por coincidir, superando a separación kantiana.

Se a *Fenomenoloxía do Espírito* describe un movemento ascendente, no que a conciencia progresa desde o particular ata o absoluto, a *Ciencia da Lóxica* desenvolve un movemento descendente. Aquí, Hegel parte do Absoluto e explora o seu despregamento nas tres grandes fases ou momentos do seu sistema. En primeiro lugar a Lóxica, que analiza os conceptos fundamentais do ser, a esencia e o concepto. Nun segundo momento, a Filosofía da Natureza, que examina a manifestación do Absoluto no mundo natural. Por último, a Filosofía do Espírito, que estuda o desenvolvemento da liberdade e da autoconciencia na cultura, a historia e o pensamento.

Neste sistema, Hegel aplica un proceso dialéctico que, aínda que historicamente foi interpretado en termos de *tese*, *antítese* e *síntese* —conceptos atribuídos a Fichte—, para Hegel este esquema é insuficiente para describir a complexidade do desenvolvemento conceptual. Máis que unha secuencia fixa de tres pasos, o proceso hegeliano implica unha dinámica na que os conceptos se relacionan, negan e superan constantemente, transformándose nunha estrutura máis rica e mediada.

Un concepto clave no sistema de Hegel é o de *mediación (Vermittlung)*. Mentres que o entendemento (*Verstand*) analiza os conceptos de forma abstracta e fixa, a razón *(Vernunft)* capta o dinamismo interno dos conceptos, mediando entre as súas contradicións. Por exemplo, no inicio da *Ciencia da Lóxica*, Hegel comeza co concepto máis abstracto: o Ser. Pero o Ser, ao ser tan indeterminado, resulta equivalente á Nada. Esta contradición resolveuse na categoría de Devir *(Werden)*, que integra ser e nada como momentos dun proceso. A través desta mediación, os conceptos vanse determinando progresivamente, enriquecéndose e avanzando cara á verdade. Esta superación dialéctica é a que Hegel denomina *Aufhebung*.

Hegel culmina a súa metafísica co concepto de Absoluto, entendido non como unha entidade fixa ou transcendente, senón como o resultado do proceso dialéctico. O Absoluto é a integración de todas as diferenzas e contradicións nunha totalidade coherente.

O ser e o pensamento son tratados como unha unidade, pois no Absoluto, o pensamento non é alleo ao ser, senón a súa expresión racional. *Todo o real é racional*, porque participa deste proceso integrador.

A verdade é entendida como un proceso, pois o Absoluto non se alcanza de forma inmediata, senón como resultado dunha mediación dialéctica na que cada etapa é esencial para a comprensión do todo.

Así mesmo, o concepto de Espírito en Hegel representa o nivel máis alto do desenvolvemento do ser. É a manifestación da liberdade e da autoconciencia, tanto a nivel individual como colectivo. A historia humana é vista como a progresión do Espírito cara á súa realización plena, que se dá dos seguintes modos: o despregamento do Espírito na historia é a manifestación do proceso dialéctico do ser, co cal se entende a Historia como un proceso metafísico. A arte, a relixión e a filosofía, pola súa parte, son formas en que o Espírito se recoñece e afirma a súa liberdade, onde a arte expresa a intuición sensible do absoluto, a relixión representa a súa dimensión simbólica, e a filosofía é a culminación conceptual do espírito.

Resumindo, a metafísica de Hegel presenta unha visión orgánica e dialéctica do ser, na que a verdade non é un estado fixo, senón un proceso en constante desenvolvemento. Fronte ás concepcións tradicionais que buscaban fundamentos estáticos, Hegel propón unha realidade dinámica, na que as contradicións son necesarias para o progreso do ser cara á autocomprensión.

O seu enfoque influíu profundamente na filosofía contemporánea, especialmente nas correntes idealistas, existencialistas e fenomenolóxicas, abrindo novos camiños para a reflexión sobre o ser, a verdade e a totalidade.

Se Hegel representa a culminación da metafísica clásica como sistema totalizador, Nietzsche inaugura a súa deconstrución radical. Mentres Hegel concibe a realidade como unha totalidade racional na que o ser e o pensar se reconciliaban, Nietzsche denuncia esta visión como unha ilusión sustentada nunha fe herdada da tradición platónica e cristiá. Para Nietzsche, a metafísica hegeliana perpetúa unha negación da vida ao subordinar a realidade a conceptos abstractos e universais. A súa obra supón unha crítica feroz a esta herdanza filosófica, abrindo o camiño cara a unha nova comprensión do ser centrada na vontade, no devir e no corpo. Así, Nietzsche non só cuestiona os fundamentos da metafísica occidental, senón que propón unha revalorización dos valores desde a afirmación vital e dionisíaca.

A metafísica en Nietzsche

Friedrich Nietzsche (1844–1900) dá comezo a unha crítica demoledora a toda a tradición metafísica de Occidente, na que pon en cuestión tanto os fundamentos do ser, como da verdade e da realidade. Se Hegel tentaba harmonizar o ser e o pensar grazas a un sistema racional, que traballase coa idea de totalidade, Nietzsche precisamente denunciará este proxecto como unha proxección que fai a razón humana, valéndose de ilusións e enganos, perpetuando a continua negación da vida, que se desenvolveu desde Platón. Fronte a estas tentativas antivitais, froito da especulación, Nietzsche propón un retorno á multiplicidade, ao devir e á interpretación, rachando cos ideais do ser como algo estable, e da idea de unidade como principio reitor, tan propios da historia da metafísica.

En clara oposición aos pensamentos de Parménides e Platón, que procuraban argumentar unha realidade estática e eterna, Nietzsche reivindica a perspectiva de Heráclito, segundo a cal o mundo está en transformación continua. Para Nietzsche, a realidade é un fluir, unha loita na que o conflito sempre está presente, e definitivamente é forza e acción, en ningún caso esencia fixa nin pensamento ou estrutura racional definitiva. Esta concepción nietzscheana leva consigo un cambio profundo: a filosofía, deste modo, non procura fundamentos estables e absolutos, senón afirmar a vida, que é algo cambiante, incerto e plural.

Un dos motivos centrais máis coñecidos da metafísica nietzscheana é a proclamación da «morte de Deus», expresión que simboliza o colapso dos valores propios de Occidente, baseados en principios absolutos e estruturas metafísicas. Segundo Nietzsche, unha vez sucedido isto, non hai senón baleiro, e nel non pode arraigar unha concepción da realidade ou da verdade que sexa fixa e estable, como outrora.

Deste modo, o colapso leva á crítica do ser como entidade estable e esencial. Nietzsche acusa á metafísica tradicional de crear un mundo ficticio —tanto o mundo ontolóxico das Ideas de Platón, como a substancia inmanente de Aristóteles— co único obxectivo de ocultar o carácter múltiple, cambiante e, se cadra, tamén caótico do existir humano.

Para Nietzsche, a idea de ser é unha ficción creada desde o inicio pola propia linguaxe, xa que esta procura estabilizar procesos que teñen lugar en devir, dinamicamente, para fixalos en conceptos estáticos. Así mesmo, critica a separación entre ser e aparencia, afirmando que só existe o mundo fenoménico, non un mundo nouménico oculto tras el. Non é que non o podamos coñecer, como en Kant, senón que non existe.

Como principio fundamental da súa metafísica, podemos establecer a *vontade de poder (Wille zur Macht),* que non é unha forza propia dos humanos, de carácter persoal ou psicolóxico, senón unha forza cósmica que impulsa todo o existente, e que ten carácter ontolóxico. A vontade de poder asume que o mundo é un xogo de forzas en constante loita e transformación. Non hai realidade estática, senón un proceso continuo no que o que existe se afirma e supera a si mesmo, manifestando que o ser, a realidade, é un devir sen fin. Dese modo, a vontade de poder é tanto afirmación como negación, creación como destrución, reflectindo o carácter dinámico e contraditorio de todo o que existe. Esta visión racha a concepción aristotélica da substancia e o idealismo platónico, propoñendo no seu lugar unha ontoloxía sen fundamentos fixos nin transcendentais.

O concepto do *eterno retorno* é outra peza clave do pensar metafísico nietzscheano. Non é tanto unha teoría cosmolóxica, como podía ser na Grecia antiga, na que habitualmente se consideraba ao tempo como formando parte dunha estrutura circular, senón unha interpretación existencial e ontolóxica. O eterno retorno simboliza a natureza cíclica do ser, sen principio nin final, que se reafirma constantemente a través da repetición. Do mesmo xeito, supón aceptar radicalmente o mundo tal como é, sen buscar transcendencias ou realidades superiores que axuden a fuxir del. O ser non é senón devir e reafírmase en cada momento como unha eternidade renovada.

Este concepto tamén funciona como unha crítica á metafísica tradicional, que busca un sentido último ou unha finalidade para a existencia. Nietzsche substitúe esta idea pola aceptación de que esta non ten sentido, e que iso non é algo negativo, a evitar. Ao contrario, trátase de afirmar vitalmente todo presente.

En consonancia coa súa crítica á metafísica do ser, Nietzsche tamén ataca a idea de verdade que supón unha correspondencia cunha realidade transcendente e eterna. Defende, en cambio, unha concepción baseada na perspectiva, segundo a cal as verdades son interpretacións, pois o que chamamos verdade non é máis que unha postura parcial e provisional, que se impuxo en cada momento por unha vontade de poder dominante. Do mesmo xeito, posiciónase contra a obxectividade, xa que, en consonancia co anterior, toda verdade é unha creación humana, un instrumento que busca afirmar a vida.

Isto non quere dicir que Nietzsche defenda un relativismo absoluto, pero si é importante asumir e aceptar que o coñecemento sempre é condicionado, parcial e provisional. A verdade deixa de ser unha revelación do ser para converterse nun proceso de construción histórica e cultural.

O perspectivismo nietzscheano cuestiona a existencia dunha única perspectiva válida, recoñecendo a pluralidade de interpretacións como un elemento constitutivo da realidade. Esta concepción supón un afastamento radical de toda pretensión absolutista, tanto no que refire á metafísica tradicional como ás aspiracións modernas de obxectividade científica.

Nietzsche non busca unha verdade única, senón que afirma a multiplicidade de puntos de vista, cada un dos cales reflicte unha posición de forza e poder. Así, o coñecemento pasa de ser unha revelación da realidade a unha ferramenta para a afirmación vital e a transformación do mundo.

A metafísica de Nietzsche substitúe por tanto a fixidez da filosofía tradicional polo devir, a esencia racional pola forza e acción, e a transcendencia pola inmanencia. A súa filosofía propón unha ontoloxía dinámica, onde o ser é entendido como vontade de poder e eterno retorno.

Este enfoque inflúe profundamente nas correntes contemporáneas, como a posmodernidade e a deconstrución, que asumen a súa crítica á verdade e á metafísica de esencias. Nietzsche, así, non é só un destrutor de estruturas metafísicas herdadas, senón que abre camiño para unha nova maneira de pensar a realidade e a existencia, entendidas como creación e transformación continua.

Na filosofía existencialista, por exemplo, autores como Sartre e Camus recollen a idea do absurdo e a necesidade de crear valores propios fronte á ausencia de fundamentos transcendentes. Pola súa banda, autores postestruturalistas como Foucault ou Derrida amplían a crítica nietzscheana á verdade, propoñendo unha deconstrución tanto das estruturas de poder como do coñecemento.

A ruptura metafísica proposta por Nietzsche supuxo un xiro radical na tradición occidental ao desmontar as categorías clásicas de esencia, verdade e transcendencia. A súa ontoloxía do devir e da vontade de poder abriu camiño para poder reconsiderar profundamente a existencia, sinalando os límites da metafísica tradicional e propoñendo unha realidade na que a característica decisiva é a transformación continua.

Con todo, esta crítica deixaba sen resolver unha cuestión fundamental: como repensar o ser tras o colapso das categorías herdadas? Esta é precisamente a tarefa que emprende Martin Heidegger. Inspirándose en parte na crítica de Nietzsche, pero afastándose da súa concepción do ser como vontade de poder, Heidegger retoma a pregunta polo ser para abrir un novo horizonte metafísico.

A súa obra *Ser e Tempo* supón un punto de inflexión, neste sentido, xa que reformula a ontoloxía, entendéndoa coma análise existencial. Na procura da superación das propostas idealistas e materialistas, Heidegger propón unha comprensión do ser que poda integrar a finitude, a temporalidade e a existencia concreta. Deste modo, a súa filosofía busca ir alén da metafísica esencialista pero tamén das críticas destrutivas, retomando a pregunta orixinaria polo ser desde unha nova perspectiva.

A metafísica en Heidegger

A filosofía contemporánea retoma o problema do ser intentando superar os puntos de vista máis idealistas e materialistas, tal e como dixemos. Neste contexto, Martin Heidegger (1889–1976) propón unha refundación da metafísica ao reformular a pregunta fundamental polo ser. A súa obra *Ser e Tempo* (1927) marca neste sentido un punto de inflexión, afastándose de ambas concepcións extremas, para tentar dar un punto de vista novo que axude a seguir formulando as cuestións ontolóxicas pendentes.

Heidegger analiza o ser desde a existencia concreta do ser humano —o *Dasein*—, e dese xeito dá inicio a unha perspectiva que desvía o foco das categorías máis lóxicas e substanciais da tradición filosófica. No seu lugar, entende que o ser se desvela e se manifesta no tempo, levando consigo unha forma de comprender a realidade máis dinámica, na que o contexto é fundamental, delimitándose como apertura e proceso.

Heidegger fala de *Dasein* (ser-aí) para referirse ao ser humano, entendido como unha entidade que non só existe, senón que comprende e se interroga a si mesmo sobre o ser, sobre a súa realidade. O *Dasein*, deste modo, non é simplemente un ente máis no mundo, senón que está intrinsecamente vinculado a el, co que constitúe unha unidade estrutural. A esta relación denomínaa ser-no-mundo (*In-der-Welt-sein*) e afirma que o ser humano en canto tal non pode ser comprendido de modo illado, senón sempre a partir do contexto no que se sitúa a súa existencia.

Para aclarar tal proposta, Heidegger analiza distintos modos en que os entes aparecen ao *Dasein*. Ao seu xuízo, a unha mirada fenomenolóxica, aparece o denominado *Zuhandensein* (ser-á-man), no cal os entes aparecen ao *Dasein* como útiles ou ferramentas, dos que pode tirar proveito. Así mesmo, tamén distingue a existencia dun *Vorhandensein* (ser-á-vista), no que os entes aparecen como ideas, obxectos teóricos, que como tales, están afastados da práctica e son observados desde a abstracción. Por último, fala do *Mit-sein* (ser-con), no que os outros *Dasein* son recoñecidos como parte constitutiva do ser-no-mundo, resaltando a dimensión social e intersubxectiva do *Dasein*.

Estas distincións permiten a Heidegger negar a concepción do ser como ente particular e concreto, sexa este un ente material, mental ou divino, considerando que a historia da metafísica o que fixo foi reducir o ser a un destes entes. Cando, para Heidegger, o ser non é algo que poida ser obxectivado ou teorizado. En todo caso, é a condición previa que permite que calquera ente se poida manifestar.

Un dos conceptos centrais na metafísica de Heidegger é o que el chama «diferenza ontolóxica». Esta distinción establece que o «ser» *(Sein)* e os «entes» *(Seiende)* non son equivalentes. Os entes, por unha parte, son as cousas concretas que podemos percibir e analizar, mentres que o ser é aquilo que fai posible que os entes aparezan e se comprendan como tales.

Heidegger critica a historia da metafísica por esquecer esta diferenza fundamental, un esquecemento que el denomina «o esquecemento do ser». Segundo Heidegger, a tradición filosófica tratou de responder á pregunta polo ser reducíndoo a un ente, é dicir, ontificando o que é ontolóxico. Este erro leva á confusión entre o fundamento do ser e os seus modos concretos de aparecer.

A proposta de Heidegger para abordar este esquecemento consiste na deconstrución da historia da metafísica. Máis que destruír, trátase de desmontar e reinterpretar as categorías herdadas para liberar o pensamento do peso das concepcións tradicionais. O obxectivo é abrir un espazo no que poida reaparecer o sentido orixinario do ser, que foi ocultado por séculos de especulación filosófica.

Esta deconstrución pon en evidencia como a metafísica occidental, desde Platón ata Nietzsche, fixo do ser unha presenza fixa, un ente definido pola actualidade e a estabilidade. En cambio, Heidegger propón regresar á experiencia do ser como desocultamento *(alétheia)*, recoñecendo o carácter dinámico e emerxente do ser.

Inspirándose na noción grega de verdade *(alétheia)*, Heidegger interpreta o ser como desocultamento. O ser non é algo dado de forma estática, senón un proceso de apertura no que os entes chegan a aparecer. Este desocultamento, porén, vai acompañado dun ocultamento simultáneo, o que implica que o ser nunca se dá de maneira plena e definitiva.

Heidegger ve a historia da metafísica como unha sucesión de ocultamentos progresivos, nos que o ser foi reducido a representacións conceptuais e categorías fixas. A modernidade culmina este proceso ao identificar o ser coa vontade e coa técnica, tal como exemplifican os sistemas filosóficos de Leibniz, Kant, Hegel e Nietzsche.

A crítica heideggeriana rexeita calquera intento de reducir o ser a un fundamento absoluto ou teórico. O ser, para Heidegger, non é algo que se poida definir ou demostrar. É máis ben a condición previa para que os entes aparezan, unha dimensión que non pode ser obxectivada nin teorizada plenamente.

A reflexión de Heidegger influíu profundamente na filosofía contemporánea, dando lugar a diversas interpretacións e correntes. En primeiro lugar, no existencialismo de Jean-Paul Sartre (1905–1980), que adapta o concepto de *Dasein* para desenvolver unha filosofía centrada na liberdade e na responsabilidade individual. Con todo, Sartre é criticado por Heidegger ao reducir o ser á existencia humana, perdendo a apertura ao misterio do ser.

Pola súa parte, na hermenéutica, como veremos, Gadamer expande as ideas de Heidegger aplicándoas á interpretación cultural e histórica, propoñendo que toda comprensión está mediada pola tradición. Tamén Derrida herda o proxecto heideggeriano de deconstruír a metafísica, pero acentúa a indeterminación do significado, cuestionando a posibilidade dun sentido último.

Por último, correntes posthumanistas e ecoloxistas reinterpretan a crítica heideggeriana á técnica para cuestionar a relación instrumental co entorno medioambiental, propoñendo unha visión máis integradora e ética do mundo.

Outro aspecto clave da metafísica heideggeriana é a súa reflexión sobre o tempo. Para Heidegger, a existencia humana está marcada pola finitude, xa que o *Dasein* vive *proxectado* cara á morte *(Sein-zum-Tode)*. Esta condición define a temporalidade como estrutura fundamental do ser, xa que, como dixera Nietzsche, o ser non é estático. Para Heidegger é un proceso temporal no que un se anticipa, actúa ou recorda. E a conciencia da morte impulsa o *Dasein* a vivir con propiedade, de forma *propia*, auténtica, asumindo a súa liberdade e responsabilidade. Esta dimensión temporal transforma radicalmente a metafísica tradicional, introducindo a finitude como núcleo do ser e abrindo a porta a novas exploracións existenciais e ontolóxicas.

Porén, a análise heideggeriana do ser non clausura a reflexión metafísica. Pola contra, invita a repensar a relación entre o ser e o ente, a finitude humana e o horizonte de sentido no que se inscriben as nosas preguntas fundamentais. Este horizonte, aberto pola finitude, remite inevitablemente á tensión entre a *inmanencia* e a *transcendencia*, categorías que articulan tanto a tradición metafísica como as respostas relixiosas e existenciais á cuestión do sentido.

Así, a partir de Heidegger, a filosofía contemporánea enfróntase á necesidade de reconsiderar o papel da transcendencia sen recaer nos esquemas metafísicos tradicionais. Esta reconsideración leva, por unha banda, á exploración de novas formas de inmanencia que recoñecen o carácter finito e situado da experiencia humana, e por outra, á revisión crítica do concepto de transcendencia, especialmente no contexto da tradición relixiosa cristiá. Estas cuestións serán abordadas no capítulo seguinte.

Inmanencia, transcendencia e a pregunta humana polo sentido

A tensión entre inmanencia e transcendencia é unha cuestión central na metafísica occidental. Mentres a inmanencia fai referencia á presenza do divino, do ser ou do fundamento dentro do mundo, a transcendencia apunta a unha realidade máis aló do mundo físico e material. Esta problemática estrutúrase como unha oposición que articula concepcións filosóficas sobre a natureza do ser, a relación entre Deus e o mundo, e o papel da experiencia humana na interpretación do real.

Neste capítulo exploraremos como estas dúas categorías foron desenvolvidas na tradición filosófica e relixiosa, deténdonos especialmente na perspectiva cristiá e na súa relación coa metafísica moderna e contemporánea. Tamén analizaremos como esta tensión contribúe á pregunta humana polo sentido da existencia.

Podemos afirmar que desde a antigüidade a filosofía oscilou entre posicións inmanentistas e transcendentalistas. Platón defendeu unha visión transcendente, identificando o ser verdadeiro coas Ideas ou Formas, situadas nun ámbito metafísico alén do mundo sensible, mentres que Aristóteles, pola súa banda, optou por unha perspectiva máis inmanentista, afirmando que a substancia e o ser están presentes nas entidades concretas, aínda que tamén contemplou un principio último (Primeiro Motor) como causa final e fundamento do movemento.

Esta tensión reconfigurouse na escolástica medieval, onde se procurou integrar ambas perspectivas. O cristianismo reformula a relación entre inmanencia e transcendencia a través da idea dun Deus creador e sustentador do mundo. Aquí, Deus transcende a creación como ser absoluto, mais tamén está presente nela como fundamento.

Santo Agostiño desenvolve unha visión neoplatónica na que Deus é transcendente, mais tamén inmanente como luz interior que ilumina o coñecemento humano, mentres que Santo Tomé de Aquino integra elementos aristotélicos, propoñendo que Deus é acto puro (transcendente) e, ao mesmo tempo, causa primeira que sustenta todo ser (inmanente). O ser das criaturas participa no ser divino, pero sen confundirse con el.

A perspectiva cristiá achega así unha solución relacional, na que Deus é á vez transcendente como creador e inmanente como presenza activa no mundo a través da providencia e a revelación. Esta síntese formula unha resposta á pregunta polo sentido ao conectar o ser humano co divino sen romper a súa autonomía no mundo.

A filosofía moderna transforma radicalmente esta cuestión. Descartes coloca a transcendencia en Deus como garantía última do coñecemento e a inmanencia na razón humana como medio para acceder á verdade. Spinoza, en cambio, rompe coa dualidade cartesiana propoñendo un monismo radical. En *Ética*, identifica Deus coa natureza *(Deus sive Natura)*, presentando a inmanencia como principio absoluto. Deus non é unha entidade separada senón a substancia única da que todo emana necesariamente. Esta concepción elimina a transcendencia tradicional, influíndo na crítica posterior á metafísica esencialista.

Posteriormente, Kant formula unha síntese crítica, distinguindo entre o *nouménico* (trascendente e inaccesible) e o *fenoménico* (inmanente e accesible). Para Kant, a transcendencia é regulativa, pero non constitutiva do saber humano. Hai que agardar a Hegel para que se resolva esta tensión cunha visión dialéctica onde a transcendencia se fai efectiva no proceso histórico e cultural da autoconciencia do espírito, integrando ambos aspectos nun absoluto inmanente.

A filosofía contemporánea funcionará, pola súa parte, como crítica do anterior. Nietzsche cuestiona a transcendencia como unha ilusión creada pola metafísica e a relixión. Propón un retorno á inmanencia radical a través da vontade de poder e do eterno retorno. Pola súa parte, Heidegger retoma a distinción entre ser e ente, pero denuncia a metafísica tradicional polo seu esquecemento do ser. A súa proposta procura abrir un espazo onde o ser se manifeste sen reducións transcendentais.

A tensión entre inmanencia e transcendencia segue sendo central na filosofía contemporánea. Mentres algunhas correntes contemporáneas, como a deconstrución de Derrida, acentúan a imposibilidade de superar esta dicotomía, outras propostas intentan reconciliar ambos aspectos.

É o caso de Karl Barth (1886–1968), quen reafirma a transcendencia absoluta de Deus fronte á inmanencia do mundo. Barth rexeita calquera intento de identificar o divino co humano ou co natural. A revelación de Deus é radicalmente externa e independente da experiencia humana. Para Barth, o coñecemento de Deus depende exclusivamente da súa autocomunicación a través da palabra e da Escritura, destacando a incomprensibilidade e santidade divina como base da transcendencia. Esta proposta coñécese co nome de *teoloxía dialéctica*.

Así mesmo, a chamada *teoloxía da encarnación* propón unha visión na que o divino se fai presente na historia sen perder a súa transcendencia. Baseándose no misterio da encarnación en Cristo, esta perspectiva argumenta que Deus actúa no mundo sen deixarse reducir á esfera humana. Aquí, a relación entre o eterno e o temporal simboliza a síntese perfecta entre inmanencia e transcendencia, permitindo un diálogo continuo entre fe e razón.

A tensión entre inmanencia e transcendencia tamén se reflicte na busca de sentido por parte do ser humano. A metafísica formula esta cuestión ao preguntarse se o sentido da existencia procede dun principio transcendente ou se debe ser construído desde a inmanencia da experiencia humana. Segundo a visión relixiosa, a transcendencia ofrece un horizonte de sentido absoluto que fundamenta a existencia no plano divino. En cambio, para a visión existencialista, a inmanencia convida a crear sentido a partir da liberdade humana e da responsabilidade no mundo.

Este debate mantense aberto, mostrando como a tensión entre inmanencia e transcendencia articula a reflexión filosófica sobre o lugar do ser humano no universo.

Concluíndo, a relación entre inmanencia e transcendencia continúa a ser un problema aberto, esencial para comprender a metafísica en todas as súas expresións. As interpretacións clásicas, medievais e modernas dialogan coa crítica contemporánea, formulando novas maneiras de abordar esta dualidade. No centro deste debate atópase a pregunta fundamental sobre a natureza do ser e a súa relación co mundo e coa experiencia humana.

Este diálogo entre inmanencia e transcendencia non só vertebra a metafísica occidental, senón que tamén ilumina outro dos seus dilemas centrais: a relación entre esencia e existencia. Desde as reflexións platónicas sobre o mundo das Ideas ata as formulacións medievais sobre a creación divina, o problema do ser foi explorado como unha tensión entre aquilo que algo é (a súa esencia) e o feito de que exista. Esta cuestión atopa unha articulación clave na escolástica medieval, especialmente na obra de Tomé de Aquino, onde se analiza o fundamento último da existencia dos entes e a súa dependencia dun ser necesario. O debate sobre esencia e existencia non só prolonga as discusións metafísicas precedentes, senón que tamén serve de ponte cara á modernidade, influíndo na crítica á metafísica tradicional.

Esencia e Existencia: Un debate metafísico

A distinción entre esencia e existencia constitúe un dos temas centrais na metafísica occidental, especialmente na filosofía medieval e na escolástica. Esta cuestión foi formulada de maneira decisiva por Tomé de Aquino na súa obra *Do ente e a esencia*, onde analiza as relacións entre o que algo é *(essentia)* e o feito de que exista *(existentia)*. A importancia deste debate non só tivo repercusións teolóxicas, senón que tamén influíu no desenvolvemento da filosofía moderna e contemporánea.

Para Tomé de Aquino, como xa vimos, en todo ente creado existe unha distinción real entre esencia e existencia. A esencia refírese ao que algo é —a súa estrutura ou natureza interna—, mentres que a existencia alude ao feito de que ese algo existe, é dicir, o feito de que se actualizou. Esta distinción permite explicar como os entes creados son continxentes, xa que se pode dicir que posúen unha esencia, pero non por iso necesariamente existen, xa que deben recibir en última instancia a existencia dun principio exterior necesario, a saber, Deus.

Para Aquino, Deus é a Existencia pura, pois só en Deus coinciden esencia e existencia de maneira necesaria e inseparable. Deus é *ipsum esse subsistens*, é dicir, o ser subsistente por si mesmo, mentres que as criaturas dependen ontoloxicamente del para existir.

Ademais, pódese dicir que no ser existe unha participación, xa que os entes creados participan do ser divino sen identificarse con el, é dicir, en distinta medida, o que implica unha diferenza nítida entre o creador e a creación, na que se reafirma asemade tanto a transcendencia de Deus como a súa presenza activa no mundo.

Esta perspectiva non é a propia das visións esencialistas predominantes na tradición filosófica anterior ao Aquinate, pois nela a existencia non era consideraba como de importancia ontolóxica, senón algo subordinado á esencia como unha propiedade secundaria ou accidental.

Porén, tras a morte de Aquino, a súa interpretación foi obxecto de controversia entre as distintas ordes relixiosas. Por unha banda estaban os dominicos, que eran tomistas, e que mantiñan que a existencia debía ser diferenciada e priorizada respecto á esencia. Isto era así, porque para os tomistas, esta tese era máis acorde coa revelación bíblica, na que Deus se define como existencia pura («Eu son o que son»). A esencia, aínda que necesaria para identificar o que un ente é, non pode existir sen ser actualizada pola existencia. Este enfoque situaba a existencia como o fundamento último do ser.

Pola súa parte, os franciscanos, que eran de tradición agustinista e platónica, defendían que no ente creado non hai distinción real entre esencia e existencia. Consideraban o ente como unha concreción última dunha idea divina preexistente, primando a esencia sobre a existencia. A esencia sería un modelo ideal no entendemento divino, que é individualizado na realidade ao ser creado, no caso de que Deus considere facelo. Esta perspectiva achegábase máis ben ao platonismo, xa que privilexiaba o carácter da esencia como algo universal e racional.

Un terceiro caso a mencionar é o de Xoán Duns Escoto (1266–1308), quen era franciscano, mais a súa posición teórica desenvolveuse de modo distinto á tradición franciscana dominante. De feito, as súas ideas provocaron unha escisión dentro da orde franciscana, dando lugar á aparición da chamada escola escotista, que se diferenciaba claramente da perspectiva franciscana tradicional, como veremos.

A posición dos escotistas baséase nunha distinción *formal* entre esencia e existencia, pero non nunha distinción *real* como defendían os tomistas. Isto significa que, para Escoto, esencia e existencia non son dúas entidades separadas no ente, senón dous aspectos conceptuais inseparables que se distinguen na análise filosófica, pero non na realidade mesma. A esencia dun ser define o que é, é dicir, a súa natureza ou identidade fundamental, mentres que a existencia refírese a que de feito é, existe, está presente no mundo. Segundo os escotistas, estas dúas dimensións están presentes no ente de maneira unificada, pero poden ser distinguidas formalmente para comprendelos mellor e poder analizalos. Así, evita considerar a existencia como se fose algo engadido á esencia, como defendían os tomistas.

Deste modo, Escoto asume unha unidade estreita entre esencia e existencia, afirmando que ontoloxicamente son inseparables, pero permite distinguir racionalmente os seus diferentes aspectos. Esta concepción influíu en correntes filosóficas posteriores que buscaron resolver o conflito entre esencialismo e existencialismo.

Estas disquisicións, sen resolución clara, provocaron consecuencias resaltables na evolución da metafísica. Na escolástica tardía, Francisco Suárez (1548–1617), por exemplo, tentou resolver os conflitos escolásticos e as súas propostas influíron profundamente no pensamento posterior. A súa obra, *Disputationes metaphysicae*, tendeu a unha posición máis esencialista, sentando as bases para o pensamento moderno.

Por exemplo, Descartes, a partir do pensamento de Suárez, asumiu o esencialismo, pero trasladando a esencia da cousa á mente humana. As ideas claras e distintas das que fala refiren a esencias entendidas como entidades mentais, mentres que a existencia pasa a depender da capacidade da razón para probala. A prioridade é dos contidos mentais. Despunta o idealismo sobre o realismo medieval. Así, houbo certa desmaterialización do ser e unha clara primacía do coñecemento intelectual.

Pola súa parte, Leibniz, coa teoría das mónadas, combina habilmente esencia e existencia como expresións da vontade divina, pero é unha postura esencialista, xa que o que existe propiamente é a concepción mental non contraditoria, que ten presenza na mente de Deus como tal, ata que El decide outorgarlle ou non existencia nun mundo ou outro. As mónadas, que representan unidades indivisibles e espirituais, inclúen na súa esencia a tendencia á acción e á perfección, pero só Deus decide.

Esta tendencia culmina no idealismo alemán, onde a realidade identifícase coa autoconciencia, eliminando a distinción tomista entre esencia e existencia. En Hegel, por exemplo, a existencia vese absorbida no proceso dialéctico do espírito, no que Esencia e fenómeno acaban por coincidir, logo de que a razón persevere na resolución dos conflitos.

Mentres a escolástica insistía na prioridade ontolóxica da existencia, a modernidade filosófica inverteu a orde, priorizando a esencia como contido do pensamento. Esta viraxe levou ao idealismo a unha concepción cada vez máis subxectiva do ser.

Na filosofía contemporánea asistimos a un rexurdimento da cuestión existencial con Heidegger, quen retoma a distinción entre ser *(Sein)* e ente *(Seiende)*, cuestionando a metafísica tradicional por esquecer o ser en favor dos entes. Heidegger intenta recuperar a apertura existencial ao ser como horizonte fundamental. O seu concepto de *Dasein* pon o acento na existencia concreta, finita, reformulando o problema ontolóxico como unha apertura dinámica cara ao ser.

Así mesmo, Sartre reivindica a primacía da existencia sobre a esencia no ser humano. Para Sartre, o ser humano existe primeiro e só despois define o que será a súa esencia a través das súas eleccións libres, das que nunca pode estar seguro. Racha así co esencialismo tradicional, e tamén co moderno. A liberdade radical da que fala Sartre converte a existencia en responsabilidade e creación continua, afastándose de calquera determinismo ontolóxico.

A relación entre esencia e existencia segue sendo un problema aberto na metafísica. Mentres a escolástica tomista estableceu unha distinción real, a modernidade e a contemporaneidade cuestionaron e reformularon esta separación. No contexto cristián, a síntese tomista ofrece unha vía para reconciliar a transcendencia divina coa continxencia da creación, mentres que as correntes modernas empurraron cara á autonomía do coñecemento e da conciencia.

Así, a tensión entre esencia e existencia non só articula debates históricos, senón que segue alimentando cuestións filosóficas fundamentais sobre o ser, a identidade e a realidade. A evolución do pensamento filosófico amosa como este dilema permanece vixente, integrándose nas discusións existenciais e nas análises posmodernas sobre a fragmentación e a pluralidade do ser.

Epílogo: O legado da metafísica e os seus horizontes actuais

Como vimos ata o momento, a metafísica, desde o seu inicio na época grega cos presocráticos ata as reflexións contemporáneas, foi un fecundo campo filosófico a través do cal puidemos indagar nas cuestións fundamentais do ser, a realidade e a existencia. Esta procura, non exenta de divisións, tensións e discusións sobre cuestións decisivas como a prioridade do cambio ou a permanencia, a inmanencia e a transcendencia, a esencia ou a existencia, ofreceu respostas diversas e, asemade, abriu novas cuestións a considerar con detemento.

O obxectivo da metafísica de comprender a realidade, nun principio na súa totalidade, levou a un traxecto desde as ideas platónicas ata a substancia aristotélica, pasando pola tentativa sintética da escolástica. Entre todas as propostas foise establecendo un marco teórico que acabou sendo decisivo nas discusións modernas e contemporáneas. Na modernidade reformulouse a importancia da metafísica, pasando a ocupar o lugar central a teoría do coñecemento, como veremos a seguir. Isto foi consecuencia da postura central do suxeito cognoscente e das estruturas da experiencia. Na época contemporánea, así mesmo, cuestionouse directamente a posibilidade da existencia dun fundamento último, postura grazas á cal xurdiron movementos como o existencialismo, a fenomenoloxía ou a deconstrución.

Porén, a metafísica non é un proxecto concluído, senón que continúa viva, reconfigurada en distintos legados. Un deles non é soamente un conxunto de respostas de tipo histórico, senón tamén unha serie de preguntas que seguen cumprindo un papel fundamental nas discusións filosóficas. A tensión entre ser e coñecemento, entre realidade e linguaxe, ou entre necesidade e continxencia, por exemplo, manténense como posibles vías de exploración a partir das cales poder achegarse aos límites da razón e a apertura ao misterio do ser.

Este percorrido feito pola metafísica, por tanto, non só nos prepara para a reflexión epistemolóxica que segue, senón que tamén nos lembra que as preguntas sobre o sentido, a verdade e a existencia permanecen no profundo da historia da filosofía, e perviven máis alá das nosas humildes achegas a todas elas.

PARTE 2

TEORÍA DO COÑECEMENTO (EPISTEMOLOXÍA)

Introdución

A epistemoloxía, ou teoría do coñecemento, é a disciplina filosófica que investiga as orixes, os límites e as condicións do saber humano. Tras desenvolver na parte anterior as grandes cuestións da metafísica —sobre a natureza do ser, a realidade e a existencia— esta segunda parte céntrase en como coñecemos o mundo e en que medida podemos acceder á verdade.

A reflexión epistemolóxica comeza na modernidade coa obra de Descartes, quen sitúa o suxeito pensante como punto de partida do coñecemento. Proseguiremos este camiño co racionalismo de Leibniz, o empirismo radical de Hume e o xiro transcendental de Kant, punto de inflexión na filosofía moderna. O capítulo dedicado a Kant, de feito, terá un papel central, xa que analiza de forma exhaustiva os fundamentos e os límites do coñecemento humano, introducindo conceptos como os xuízos *sintéticos a priori* e o coñecemento transcendental, que será fundamental para o tratamento das cuestións posteriores e os distintos debates ao respecto.

Outro capítulo destacado aborda o problema da verdade, examinando os seus diferentes tipos e concepcións, desde as propostas clásicas ata as interpretacións máis contemporáneas, destacando como evolucionou o concepto tanto nas ciencias matemáticas como nas ciencias empíricas. A análise da verdade enlaza directamente co estudo das opinións, analizando as súas limitacións e o seu papel complementario no proceso de coñecemento. Estes temas son importantes porque consolidan o debate filosófico sobre a obxectividade e a certeza, e asemade abren espazo para reflexións sobre a relatividade e o perspectivismo.

Xa no século XIX e XX, analizaremos a fenomenoloxía de Husserl, que propón un método rigoroso para describir as estruturas da conciencia e o sentido das experiencias. Posteriormente, formularemos distintas perspectivas críticas e interpretativas, como a hermenéutica e a posmodernidade, que cuestionan os fundamentos tradicionais do coñecemento e resaltan a relevancia da linguaxe, a historia e a cultura na formación da verdade.

Por último, presentaremos algúns trazos das epistemoloxías posthumanas, que asumen unha concepción postantropocéntrica, na que o ser humano deixa de ser o centro do mundo e do proceso de coñecemento, para postular unha posición relacional, na que o ser humano é conformado por outras entidades non humanas, como o entorno medioambiental, posición que vai alén de todo dualismo.

Ademais do tratamento destes autores, esta parte do libro, como a anterior, inclúe capítulos temáticos que complementan e amplían a análise histórica. Entre eles, examinaremos os elementos *a priori* do coñecemento e os límites da razón e o problema do irracional. Estes temas permitirán afondar en cuestións claves que atravesan toda a tradición filosófica e que seguen sendo relevantes no debate contemporáneo.

Así, a epistemoloxía preséntase como unha análise crítica das capacidades humanas para coñecer, e tamén como unha vía de cuestionamento dos nosos propios supostos sobre a verdade e a realidade. Esta parte, por tanto, actúa como ponte entre a metafísica previamente desenvolvida e a lóxica, que abordaremos na parte final do libro.

A epistemoloxía en Descartes

René Descartes (1596–1650) é considerado o pai da filosofía moderna debido á súa procura dun fundamento sólido e indubidable para o coñecemento. A súa reflexión xorde como resposta á crise do saber na época, marcada polo escepticismo e os debates entre o aristotelismo escolástico e as novas ciencias experimentais. Descartes intenta establecer un método universal que proporcione certezas inmutables e, para iso, recorre á razón como ferramenta fundamental.

Descartes propón construír a filosofía seguindo o modelo das matemáticas, debido á súa capacidade para establecer principios claros, evidentes e universais. As matemáticas son tomadas como paradigma de rigor e certeza porque os seus resultados dependen da razón e non dos sentidos. Por este motivo, intenta aplicar á filosofía o mesmo método demostrativo que utiliza a xeometría.

Esta aspiración lévao a formular un método baseado na análise e na síntese, que permite descompoñer os problemas en partes máis simples para resolvelos de forma ordenada e reconstruír o coñecemento desde os principios básicos ata os conceptos máis complexos.

A estratexia epistemolóxica cartesiana comeza coa dúbida metódica, un proceso sistemático para descartar todas as crenzas dubidosas e chegar a un principio absolutamente certo. Descartes distingue varias fases nesta dúbida. A primeira delas considera os sentidos como unha posible fonte de engano. Para Descartes estes poden inducir a erro, do que temos múltiples exemplos, motivo polo que non son unha base fiable para o coñecemento. Así mesmo, considera a imposibilidade de distinguir entre soño e vixilia, é dicir, afirma que non é posible diferenciar con certeza entre estar esperto e soñando, xa que só podemos facelo con posterioridade, cando xa espertamos, nunca no momento propio do soño. Por último, e talvez máis importante, Descartes formula o que se chamou «hipótese do xenio maligno», na que postula a existencia dun ser enganador omnipotente que podería estar manipulando as nosas percepcións e razóns, facendo que cando penso que estou seguro do que penso e percibo, inda así me engane.

Este proceso leva a Descartes á súa primeira certeza indubidable: *Cogito, ergo sum* (Penso, logo existo). Mesmo se un xenio maligno engana, o feito de dubidar implica a existencia dun suxeito pensante. O *cogito* convértese así no fundamento seguro sobre o que se constrúe todo o sistema filosófico.

A partir do *cogito*, Descartes elabora un sistema racionalista no que a razón, e non os sentidos, é a fonte principal do coñecemento verdadeiro. No seu desenvolvemento teórico, distingue entre distintos tipos de ideas. En primeiro lugar, están as ideas adventicias, aquelas que nos chegan das sensacións e percepcións sensoriais. Tamén están as ideas facticias, que son producidas pola imaxinación e a combinación de percepcións sensoriais. Por último, e máis importantes, as ideas innatas, presentes na mente dende o inicio e independentes da experiencia. Inclúen principios lóxicos e matemáticos, así como a idea de Deus como ser perfecto. As ideas innatas son fundamentais para garantir a verdade, xa que a súa evidencia é inmediata e non dependen de fontes externas susceptibles de erro.

Unha das achegas centrais de Descartes é a demostración da existencia de Deus como garante do coñecemento. Para iso emprega distintas argumentacións. A partir da idea de perfección, Descartes afirma que a idea de Deus como ser perfecto é innata e non pode ter a súa orixe nun ser finito como o ser humano. Como as causas deben ser polo menos tan perfectas como os seus efectos, só un ser perfecto pode ser a causa desa idea. En relación a este, noutro momento desenvolve outro argumento, que é unha variación do argumento ontolóxico. Inspirándose en Santo Anselmo, afirma que a existencia é unha calidade esencial dun ser perfecto. Deus, sendo perfecto, debe existir necesariamente, xa que a existencia forma parte da súa natureza. Por último, proba a argumentar a partir da cuestión do ser humano como ser dependente. É dicir, os seres humanos, finitos e continxentes, non poden soster a súa propia existencia. Esta debe depender dun ser autosuficiente e eterno, é dicir, Deus.

No modelo cartesiano, Deus funciona como garante, cando menos en dous sentidos distintos. En primeiro lugar, porque como ser perfecto, Deus non pode ser enganador, garantindo así a veracidade das ideas claras e distintas. En segundo lugar, porque a certeza en Deus proporciona unha base sólida para confiar no coñecemento racional e no mundo exterior, superando o escepticismo inicial da dúbida metódica.

Con esta demostración, Descartes supera a hipótese do xenio maligno e establece unha ponte entre o coñecemento racional e a realidade exterior. A certeza metafísica de Deus consolida a fiabilidade do mundo externo e das ciencias naturais.

Por outra parte, Descartes postula unha división radical entre dúas substancias fundamentais, o que é coñecido como dualismo cartesiano. Por unha parte está a *res cogitans*, a substancia pensante, espiritual e consciente, que caracteriza o ser humano. Por outra, a *res extensa*, a substancia material, definida pola extensión no espazo e rexida por leis mecánicas, e da que tamén forma parte o ser humano en canto corpo.

Este dualismo implica, por tanto, unha separación entre mente e corpo, abrindo o problema da súa interacción. Para Descartes, a mente é inmortal e independente, mentres que o corpo é finito e suxeito ás leis físicas. Esta concepción marcou un antes e un despois na historia da filosofía e influíu profundamente no debate sobre a mente e a materia.

En canto á procura do coñecemento certo, da verdade como certeza, o método cartesiano baséase en catro regras fundamentais. En primeiro lugar, a regra central é a da evidencia, é dicir, admitir como verdadeiro só o que se presenta de maneira clara e distinta. A continuación Descartes formula a regra da análise, onde dividir os problemas en partes máis pequenas axuda a resolvelos de forma progresiva. Logo aparece a regra da síntese, é dicir, reconstruír o coñecemento desde as partes máis simples ata as máis complexas. Por último, postula a enumeración, revisar todo o proceso para asegurar que nada quedou omitido.

Este enfoque proporciona un modelo matemático e racionalista aplicable a todas as ciencias, combinando precisión e rigor para garantir a certeza no coñecemento.

Deste xeito, Descartes establece as bases do racionalismo moderno, defendendo a primacía da razón sobre os sentidos e propoñendo un método analítico para alcanzar a certeza. O seu dualismo mente-corpo, a teoría das ideas innatas e a demostración da existencia de Deus como garante da verdade marcaron un cambio paradigmático na filosofía. O seu legado continúa sendo un referente esencial para os debates epistemolóxicos e metafísicos posteriores.

Agora ben, unha das críticas máis importantes ao racionalismo cartesiano xorde do seu punto de partida subxectivo: o *cogito, ergo sum*. Se o único coñecemento absolutamente certo é o da existencia dun suxeito pensante, como podemos xustificar a existencia doutros suxeitos conscientes?

Esta cuestión introduce o problema filosófico coñecido como *solipsismo*, a hipótese segundo a cal só a propia mente é accesible ou demostrable, mentres que a existencia das demais mentes queda sempre no terreo da inferencia ou da crenza. O dualismo de Descartes, ao separar mente e corpo como dúas substancias distintas, agrava este dilema, xa que a mente —como *res cogitans*— non ten conexión directa coa materia, nin tampouco con outras mentes.

A resposta cartesiana baseábase, en última instancia, na existencia de Deus como garante da veracidade das percepcións e da realidade exterior. Con todo, este recurso foi criticado por moitos filósofos posteriores, que viron nel unha solución insuficiente para fundamentar a existencia e a interacción entre diferentes mentes.

Este problema volverá a cobrar relevancia en correntes posteriores como a fenomenoloxía, especialmente en Husserl, quen propón o concepto de intersubxectividade para superar o solipsismo. A partir dunha análise das estruturas da conciencia, Husserl intenta demostrar como a presenza doutros suxeitos é constitutiva da nosa propia experiencia.

A análise cartesiana deixa, polo tanto, abertas moitas preguntas sobre a relación entre o suxeito e os demais, así como sobre a posibilidade de compartir experiencias e coñecementos. Estas cuestións seguen sendo centrais no debate epistemolóxico contemporáneo e nos esforzos filosóficos por comprender a natureza do coñecemento humano.

A epistemoloxía en Leibniz

Se para Descartes o criterio de verdade radicaba na evidencia, entendida como aquilo que se presenta ao espírito de maneira clara e distinta, Gottfried W. Leibniz (1646–1716) rexeita este enfoque por consideralo insuficientemente rigoroso e impreciso. Argumenta que moitas proposicións poden parecer evidentes nun primeiro momento, pero revelarse falsas cando son analizadas en profundidade. Ademais, a evidencia depende en exceso da percepción subxectiva, xa que o que resulta evidente para unha persoa pode non selo para outra. En definitiva, Leibniz conclúe que a evidencia está suxeita ao relativismo e á subxectividade, polo que é erróneo identificala coa verdade. Esta distinción fundamental lévao a buscar un criterio de verdade obxectivo, baseado na estrutura lóxica das proposicións e non na percepción psicolóxica das ideas.

Para Leibniz, a tarefa do filósofo consiste en establecer un «método racional» cada vez máis preciso, que permita descubrir a verdade mediante un proceso rigoroso. Este método é o método analítico, que consiste en descompoñer os conceptos ata as súas definicións máis simples para revelar a conexión entre os termos dunha proposición. Segundo Leibniz, a verdade radica na inherencia do predicado no suxeito *(S é P)*.

Se o predicado non estivese contido, dalgún modo, no suxeito, a verdade non podería ser demostrada *a priori*, é dicir, independentemente da experiencia. Isto implicaría que carecemos dun fundamento racional para aceptar a proposición como verdadeira. Por tanto, para Leibniz, calquera proposición que se admita como verdadeira debe ser demostrable a partir dun principio racional, e esta demostración debe facer evidente a conexión entre o suxeito e o predicado. Se tal conexión non se pode establecer, a proposición carece de fundamento racional.

A partir deste principio, Leibniz introduce a noción de «verdades de razón». Estas son verdades eternas, necesarias, innatas e *a priori*, cuxa validez non depende da experiencia senón da súa coherencia lóxica interna. Estas verdades son tales que o seu contrario é imposible, e o seu fundamento reside na análise conceptual. Por exemplo, a proposición «todos os solteiros son non casados» é unha verdade de razón porque o predicado (non casados) está contido no suxeito (solteiros) de forma necesaria e evidente mediante a análise dos termos.

As proposicións, segundo Leibniz, poden ser simples ou complexas. Nas proposicións simples, o predicado está contido no suxeito de maneira evidente, polo que podemos afirmar a súa verdade sen necesidade de análise adicional. Por exemplo, a proposición «un círculo é redondo» é unha verdade evidente e inmediata.

Nas proposicións complexas, con todo, é necesario descompoñer os termos ata alcanzar definicións máis simples que revelen a conexión entre o predicado e o suxeito. Por exemplo, a proposición «todo ser humano é un ser racional» pode analizarse substituíndo o termo «ser humano» pola súa definición máis básica, «animal racional», resultando na proposición «todo animal racional é un ser racional». Este proceso descompón as proposicións en elementos máis simples e finalmente en proposicións idénticas, baseadas no principio de identidade ou non contradición.

Pero, cando as proposicións se refiren á existencia, especialmente á existencia de obxectos concretos no mundo, a análise lóxica enfróntase a unha limitación. Excepto no caso de Deus, cuxa existencia é considerada necesaria, as proposicións sobre obxectos específicos dependen dunha análise infinita para demostrar a súa verdade a partir do principio de identidade. Estas proposicións forman parte do dominio das «verdades de feito», que son continxentes e dependen do que Leibniz denomina «principio de razón suficiente».

As verdades de feito son continxentes porque están estruturadas de forma tan complexa que resulta imposible, para o coñecemento humano limitado, descompoñelas en elementos simples mediante unha análise finita. En consecuencia, debemos acceder a estas verdades a través da experiencia, o que implica recorrer a métodos empíricos e *a posteriori*. Só Deus, segundo Leibniz, posúe a capacidade de ver a conexión completa entre predicado e suxeito en cada caso, coñecendo a noción total dun individuo.

A pesar da diferenza entre verdades de razón e verdades de feito, Leibniz mantén que a realidade segue un esquema racional. Contrapóndose a Descartes, Leibniz defende que mesmo Deus está suxeito ás leis lóxicas e non pode actuar en contra delas. Así, a lóxica non é unha convención arbitraria, senón unha estrutura universal á que deben someterse todos os seres racionais, incluídos os divinos. Este carácter racional garante a orde e a coherencia do mundo, permitindo que o real sexa comprensible mediante principios racionais.

No sentido formulado anteriormente, e procurando tender unha ponte entre a física e a metafísica, entre o mecanicismo (causas eficientes) e a teleoloxía (causas finais), Leibniz desenvolve o concepto de «dinámica». Esta disciplina aborda o estudo das «forzas vivas» que operan na natureza, destacando que nocións como «masa», «espazo» ou «extensión» non son suficientes para explicar os movementos mecánicos. De igual modo, no que respecta á substancia corporal, Leibniz entende que a clave reside máis na capacidade de actuar ou resistir que na súa simple extensión espacial. Esta concepción conduce á necesidade de elaborar unha nova teoría da substancia, contribuíndo a un dos debates máis intensos do seu tempo: a relación entre corpo e alma. Neste marco, Leibniz critica as solucións propostas por Descartes e Malebranche.

Descartes defendía un dualismo que separaba substancias extensas (corpos) e substancias pensantes (almas). Porén, atopábase co problema de explicar a comunicación entre ambas, para o cal situaba o mecanismo de conexión na «glándula pineal», localizada no cerebro. Pola súa banda, Malebranche recorría á intervención directa de Deus en cada acto de relación entre corpo e alma, un sistema coñecido como «ocasionalismo». Leibniz, en cambio, ofrece unha solución orixinal: a teoría da *harmonía preestablecida*. Mediante a imaxe de dous reloxos perfectamente sincronizados, explica que Deus, como reloxeiro supremo, deseñou as substancias para que operasen en harmonía sen necesidade de intervención constante.

En oposición á teoría cartesiana das substancias, Leibniz desenvolve a súa propia concepción na *Monadoloxía*. Aquí describe as «mónadas» como os elementos últimos da realidade. Son simples porque carecen de partes, polo que non son corpóreas, pero á vez son complexas, xa que «reflicten» en si mesmas o universo enteiro. Ademais, son activas, movéndose dun estado a outro a través da apetición, entendida como a forza interna que impulsa o cambio.

A relación entre as mónadas explícase mediante a percepción e a apercepción. A percepción, que Leibniz considera un concepto metafísico máis que psicolóxico, refírese á capacidade das mónadas para representar internamente as realidades externas. A apercepción, pola súa banda, implica a conciencia reflexiva desta representación, unha característica exclusiva das mónadas racionais.

A espontaneidade absoluta das mónadas queda resumida na célebre frase de que «non teñen xanelas». Non precisan abrirse ao exterior porque todo está contido nelas desde o principio, do mesmo xeito que un código xenético contén toda a información necesaria para o desenvolvemento dun ser vivo. Neste sentido, Leibniz afirma que a noción individual de cada persoa inclúe xa todo o seu destino, unha idea que provocou polémica na súa correspondencia con Antoine Arnauld.

Así, Leibniz afástase do dualismo cartesiano para defender un «pluralismo monádico». Existe unha multiplicidade de mónadas, cada unha con perspectivas distintas sobre o mundo, dependendo do seu grao de perfección metafísica. As mónadas superiores teñen unha percepción máis clara e ordenada, mentres que as inferiores perciben o mundo de maneira máis confusa.

A harmonía preestablecida, destinada a superar o dualismo alma-corpo, amplíase nun concepto máis xeral: a «harmonía universal». Segundo Leibniz, cada mónada actúa como un espello do universo porque contén en si mesma toda a información necesaria para representar a totalidade, aínda que só Deus pode acceder plenamente a esta información. É aquí onde cobra sentido a idea de que Deus crea o mellor dos mundos posibles. Este mundo é o mellor porque está construído sobre a compatibilidade de todas as súas partes, un principio denominado *composibilidade*.

A noción de infinitos mundos posibles permítelle a Leibniz conciliar a liberdade, a omnipotencia e a bondade divinas. Rexeita así tanto a arbitrariedade dun Deus que actúa segundo capricho, como en Descartes, como o determinismo dun Deus identificado coa natureza, como en Spinoza. A súa proposta sostén unha visión optimista da orde cósmica, na que todo está interconectado e responde a un propósito racional.

Leibniz distingue tres ámbitos fundamentais na súa explicación da realidade: o lóxico, o metafísico e o moral. No ámbito lóxico, os infinitos mundos posibles existen como ideas na mente divina. Metafisicamente, Deus podería elixir calquera destes mundos (mesmo os menos perfectos). Con todo, desde un punto de vista moral, era imposible que Deus non escollese o mellor de todos eles, xa que actúa sempre segundo unha razón suficiente.

Noutras palabras, aínda que existen infinitos mundos que poderían tender cara á existencia, só un deles é actualizado porque é o mellor en termos de harmonía e perfección.

A esencia mesma do posible, segundo Leibniz, reside na súa «tendencia para existir». Como escribe o propio autor: «Todo posible esixe existir». Isto significa que os posibles teñen unha inclinación natural cara á existencia, pero esta inclinación non é suficiente por si soa. É a vontade divina a que, en última instancia, determina cales destes posibles serán actualizados na realidade. Se a existencia se basease unicamente na esencia dos posibles, todos eles se realizarían necesariamente, facendo superflua a intervención divina (como na concepción de Spinoza).

Ademais, para que un posible poida ser considerado candidato á existencia, non basta con ser concibible sen contradicións internas. Debe ser compatible cun conxunto harmonioso de elementos, formando un «mundo» completo e coherente. Deus non selecciona individuos illados, por moi perfectos que poidan parecer, senón que sopesa os distintos mundos posibles e elixe aquel que ofrece a maior perfección no seu conxunto.

Esta visión reflíctese no mito de Sexto Tarquinio, que Leibniz presenta na súa obra *Teodicea*. No relato, Sexto desobedece os deuses, desata o caos en Roma, comete crimes atroces e finalmente é desterrado e executado. Podería Deus ter creado un mundo onde Sexto actuase virtuosamente? Leibniz responde que non. Se Sexto fose diferente, este mundo non sería este mundo, e Deus estaría renunciando á súa sabedoría ao non elixir o mellor conxunto posible. O mal que parece irracional e inxusto dende a perspectiva humana adquire sentido dentro do plan divino, xa que permite a fundación da República romana, que dará lugar a unha grande civilización.

Para Leibniz, o mundo actual é o mellor dos posibles, mesmo a pesar da existencia do mal e das desgrazas individuais. O conxunto da creación destaca pola súa harmonía e perfección global. Se puidésemos contemplar o mundo dende a perspectiva divina, comprenderiamos por que todo encaixa nun plan racional e xusto. Este enfoque de Leibniz resoa posteriormente en Hegel, especialmente no seu concepto da «astucia da razón», segundo o cal a historia segue camiños complexos e tortuosos, pero sempre orientados cara á realización dun propósito superior.

Leibniz concibe o universo como unha rede de interconexións onde cada parte está relacionada co todo. Todo no universo está vinculado, como as ondas nun océano, onde o máis mínimo movemento repercute en todo o sistema. Esta visión ecolóxica *avant la lettre* destaca a importancia da relación entre os individuos e o seu contorno. Cada elemento do mundo desempeña un papel esencial na orde xeral, contribuíndo á harmonía global e facendo imposible alterar un só aspecto sen modificar o conxunto. Esta idea conecta co concepto de interdependencia, suxerindo unha visión integrada do cosmos na que cada parte é significativa.

Deus, segundo Leibniz, escolle o mellor dos mundos posibles porque cada elemento deste mundo contribúe á súa totalidade. Se se elimina ou cambia un só elemento, o equilibrio romperíase, transformando o mundo nun universo completamente diferente. Por iso, cada individuo reflicte, dalgún modo, o conxunto do universo, funcionando como un «espello do cosmos». Isto significa que coñecer a fondo un individuo implicaría, en teoría, coñecer o mundo enteiro do cal forma parte. Esta perspectiva abre un horizonte metafísico onde o particular e o universal están estreitamente ligados, reforzando a idea de que a estrutura da realidade é comprensible desde unha análise racional.

Esta idea das mónadas como «espellos do universo» anticipa conceptos contemporáneos como a información xenética. Así como o ADN contén a información necesaria para o desenvolvemento dun organismo, as mónadas conteñen virtualmente toda a información do mundo ao que pertencen. Cada mónada é, polo tanto, unha representación completa do universo, o que implica que mesmo os elementos máis humildes teñen unha función esencial na orde total. Neste sentido, a visión de Leibniz permite entender o mundo como unha rede complexa de significados onde cada parte inflúe no conxunto. Ademais, a noción de que as mónadas están preprogramadas para reflectir o universo lembra as modernas teorías sobre sistemas predefinidos e algoritmos autoorganizados.

A noción de harmonía universal en Leibniz tamén ofrece paralelismos cos debates ecolóxicos actuais. Se todo está interconectado, as accións locais teñen repercusións globais. Isto leva a unha ética da responsabilidade, onde incluso os actos máis pequenos poden contribuír ao equilibrio ou ao desequilibrio do sistema global. Desde esta perspectiva, a visión leibniziana é sorprendentemente contemporánea, propoñendo un cosmos no que a sustentabilidade e o equilibrio son principios fundamentais. A teoría da harmonía universal non só fundamenta a orde cósmica senón tamén unha ética práctica, aplicable á preservación do medio ambiente e á responsabilidade colectiva.

Así, Leibniz non só ofrece unha xustificación metafísica do mal no contexto do mellor dos mundos posibles, senón que tamén inspira reflexións sobre o impacto global das accións individuais. Esta idea conecta tanto coa física moderna — coa noción de sistemas interconectados— como coa ética ecolóxica, resaltando a relevancia do seu pensamento no mundo actual. Ademais, a súa concepción dunha realidade na que cada parte contén virtualmente o todo suxire paralelismos coas ideas sobre os multiversos e os mundos posibles en física cuántica, ampliando o alcance da súa filosofía cara aos debates científicos contemporáneos.

A visión de Leibniz sobre un universo racionalmente estruturado, onde cada elemento está interconectado e integrado nunha totalidade harmónica, representa un modelo de pensamento optimista e necesario. Con todo, esta concepción racionalista será cuestionada por autores posteriores como David Hume, quen adoptará unha postura empirista e escéptica fronte ás pretensións de coñecer as conexións universais e necesarias. Hume criticará a capacidade da razón para fundamentar certezas absolutas, explorando as limitacións do coñecemento humano e abrindo a porta ao escepticismo moderno. O seu enfoque marcará un xiro decisivo cara a unha análise máis crítica e limitada do coñecemento, que contrasta radicalmente coa confianza racionalista de Leibniz.

A epistemoloxía en Hume

David Hume (1711–1776) representa unha das figuras clave do empirismo moderno, en contraposición ao racionalismo cartesiano. Mentres Descartes buscaba fundamentos universais na razón, Hume defende que todo coñecemento procede da experiencia. A súa filosofía céntrase na análise da mente humana e das súas capacidades cognitivas, cuestionando as pretensións metafísicas e racionalistas de alcanzar verdades absolutas.

Hume basea o seu sistema na distinción entre dous tipos fundamentais de percepcións, as impresións —percepcións vivas e intensas que derivan da experiencia sensorial ou emocional— e as ideas —copias debilitadas das impresións, que aparecen na memoria ou na imaxinación—.

Para Hume, todas as ideas derivan das impresións. Por tanto, non pode existir unha idea que non teña a súa orixe na experiencia. Esta posición elimina a posibilidade de ideas innatas, rexeitando o modelo cartesiano.

As ideas non existen illadas na mente, senón que se organizan segundo principios de asociación. Un deles é o principio de semellanza, é dicir, a relación entre ideas similares. Outro é o principio de contigüidade, isto é, a asociación baseada na proximidade no espazo ou no tempo. Por último, aparece o principio de causalidade, que é definido como conexión entre dúas ideas cando unha parece producir a outra. Estes principios explican como os humanos forman conceptos complexos a partir de impresións simples, sen necesidade de apelar a estruturas innatas.

Unha das achegas máis influentes de Hume é a súa crítica ao principio de causalidade. Tradicionalmente, aceptábase que a causalidade implicaba unha conexión necesaria entre dous sucesos. Hume cuestiona esta noción, pois non podemos percibir directamente a conexión necesaria entre causa e efecto. Ademais, o que experimentamos é unha sucesión constante na que un suceso segue a outro repetidamente.

Segundo Hume, a crenza na causalidade non é un produto da razón senón do hábito ou costume. O noso entendemento asocia certos sucesos porque adoitan ocorrer xuntos, pero esta conexión é psicolóxica, non metafísica. En realidade, só observamos contigüidade e sucesión temporal, pero nunca percibimos unha forza ou necesidade inherente que vincule os sucesos entre si.

Isto leva a Hume a afirmar que a causalidade é unha «proxección» da mente sobre o mundo. A lei causa-efecto é, polo tanto, unha expectativa que xorde do hábito e da experiencia, pero non ten unha validez universal demostrable. Esta análise debilita as bases racionais e metafísicas da ciencia clásica e prefigura o escepticismo moderno.

Hume aplica o mesmo enfoque empirista á noción de substancia. Na tradición filosófica, a substancia era considerada como o soporte subxacente das calidades ou propiedades dos obxectos. Para Aristóteles e Descartes, a substancia era algo real e independente. Hume, porén, cuestiona esta idea. Segundo el, non temos impresión directa de substancia como algo separado das súas calidades. O único que percibimos é un conxunto de calidades ou propiedades agrupadas pola mente.

Deste modo, a noción de substancia como algo permanente ou subxacente é unha ficción creada pola imaxinación para explicar a continuidade e cohesión das percepcións. Non existe evidencia empírica que xustifique a súa existencia como algo distinto das calidades observadas.

Hume estende esta crítica ao concepto de «eu». O que chamamos «eu» non é máis que un feixe ou conxunto de percepcións en constante cambio. Non hai unha substancia permanente ou identidade persoal inmutable detrás das percepcións; só hai unha sucesión de estados mentais conectados pola memoria e a asociación.

Esta análise desintegra as concepcións clásicas de identidade e substancia, reducindo a realidade a un fluxo de percepcións e relacións contextuais. Hume rexeita así calquera idea metafísica de substrato ou esencia, propoñendo unha visión radicalmente empirista e escéptica.

As análises de Hume sobre a causalidade tiveron un impacto profundo na filosofía posterior, levando a preguntas sobre a estabilidade das leis naturais e a súa xustificación racional. Recentemente, Quentin Meillassoux (1967–) reformulou estas cuestións no que denominou o *problema de Hume*.

Meillassoux parte do escepticismo de Hume respecto da causalidade para preguntarse se as leis da natureza, que asumimos estables, poderían ser de feito *continxentes*. Segundo Hume, a nosa crenza na conexión necesaria entre causas e efectos baséase no hábito, pero non temos ningunha evidencia racional que demostre que as leis da natureza deban manterse constantes no tempo. Meillassoux leva esta idea máis aló ao afirmar que, se aceptamos esta continxencia, entón debemos recoñecer que non hai razón ningunha para que as leis do universo non poidan cambiar de forma imprevisible e arbitraria en calquera momento.

Este enfoque crea unha tensión fundamental co pensamento científico, que se basea na idea de leis fixas e universais. Ao cuestionar esta estabilidade, Meillassoux expón o dilema de como é posible xustificar racionalmente a confianza que depositamos na regularidade do mundo. Mentres Hume conclúe que a crenza na causalidade é inevitable, aínda que irracional, Meillassoux insiste na necesidade de buscar unha solución máis profunda que permita abordar a continxencia sen renunciar á posibilidade dun coñecemento racional.

Meillassoux propón un *realismo especulativo*, unha corrente filosófica que busca reconstruír unha ontoloxía independente da mente humana. Isto significa que a filosofía debe afastarse do *correlacionismo* moderno —a idea de que só podemos coñecer a relación entre a mente e o mundo, pero non o mundo en si mesmo— e regresar a unha análise da realidade tal como existe por si mesma, con independencia das nosas percepcións ou interpretacións. O realismo especulativo sostén que o mundo existe nun estado de continxencia radical e defende a posibilidade de coñecer este mundo exterior sen depender exclusivamente das estruturas cognitivas humanas.

O *problema de Hume*, reinterpretado por Meillassoux, pon de relevo a persistencia das preguntas sobre o fundamento do coñecemento e a natureza da realidade. Así como Hume espertou a Kant do seu «soño dogmático», a reformulación contemporánea destas cuestións continúa disolvendo parcialmente as fronteiras entre epistemoloxía e metafísica, cuestionando as bases mesmas do pensamento moderno e expoñendo unha tensión fundamental entre a continxencia radical e a busca dun fundamento racional para a ciencia e o coñecemento.

Este dilema serviu como punto de partida para a reflexión de Kant, quen se propuxo responder ao escepticismo empirista elaborando un sistema transcendental que analizase as condicións *a priori* do coñecemento. Se Hume mostrou que a causalidade non podía xustificarse empiricamente, Kant intentará demostrar que os principios universais e necesarios da ciencia dependen das estruturas cognitivas do suxeito.

No seguinte capítulo exploraremos como Kant, filosoficamente esperto e atento grazas ás achegas de Hume, formula unha teoría do coñecemento baseada na síntese entre racionalismo e empirismo, establecendo as bases para un novo modelo crítico e transcendental.

A epistemoloxía en Kant

Impresionado polos desafíos expostos por Hume, Immanuel Kant (1724–1804) emprendeu a tarefa de repensar os fundamentos do coñecemento humano. O seu obxectivo foi determinar se era posible establecer a metafísica como unha ciencia con validez universal e necesaria, equiparándoa en rigor ás matemáticas e á física.

Kant parte dunha observación fundamental: as ciencias logran formular xuízos universais e necesarios que permiten o progreso do coñecemento. A pregunta central do seu proxecto é, por tanto, como son posibles estes xuízos? Que condicións fan viable a certeza e a universalidade que caracterizan o coñecemento científico?

Se logramos aclarar os principios que sustentan as ciencias, talvez poderemos determinar tamén se a metafísica pode aspirar a unha fundamentación semellante. Este enfoque non busca partir de nocións dogmáticas ou especulativas, senón analizar os propios límites e capacidades da razón para establecer as bases do coñecemento.

Kant inaugura así o chamado «xiro transcendental», desprazando o centro de atención desde o obxecto coñecido ata as condicións subxectivas que fan posible o coñecemento. A súa investigación crítica tentará revelar os elementos *a priori* —anteriores á experiencia— que estruturaban tanto o mundo que coñecemos como o noso modo de coñecelo.

En primeiro lugar, Kant distingue entre diferentes tipos de xuízos, sinalando que esta clasificación é fundamental para entender a posibilidade do coñecemento científico. Estes xuízos divídense en analíticos e sintéticos:

- Xuízos analíticos: como xa dixera Leibniz, son aqueles nos que o predicado explicita o contido que xa está implícito no suxeito. Noutras palabras, desenvólvese o que xa está contido conceptualmente no suxeito. Por exemplo, o xuízo «todos os corpos son extensos» é analítico porque o concepto de «extensión» xa está incluído na definición de «corpo». Debido a esta característica, os xuízos analíticos son *a priori*, é dicir, independentes da experiencia, xa que a súa verdade pode establecerse mediante a simple análise conceptual sen necesidade de comprobación empírica.

- Xuízos sintéticos: Pola contra, seguindo de novo a Leibniz, Kant afirma que estes xuízos engaden información nova que non está contida previamente no suxeito. Por exemplo, «todos os corpos son pesados» é un xuízo sintético porque a noción de «peso» non forma parte do concepto de «corpo» e require ser corroborada pola experiencia sensible. Por iso, os xuízos sintéticos adoitan ser *a posteriori*, xa que dependen da observación empírica para verificar a súa validez.

Kant, con todo, afirma que a ciencia non pode basearse exclusivamente en ningún destes dous tipos de xuízos tradicionais. Os xuízos analíticos, aínda que son universais e necesarios, non amplían o noso coñecemento, limitándose a explicitar o que xa está contido nos conceptos. Os xuízos sintéticos, pola súa banda, aínda que amplían o coñecemento, dependen da experiencia e carecen, polo tanto, de universalidade e necesidade. Por esta razón, Kant propón que os xuízos científicos deben ser *sintéticos a priori*; é dicir, deben ampliar o coñecemento ao tempo que conservan a súa universalidade e necesidade.

Para demostrar esta posibilidade, Kant analiza exemplos concretos nas matemáticas e na física. En primeiro lugar analiza o caso das matemáticas e, dentro delas, o da aritmética e o da xeometría. Canto á aritmética, para Kant o xuízo «7 + 5 = 12» exemplifica un caso de xuízo *sintético a priori*. É universal e necesario, xa que non depende da experiencia, pero tamén é sintético porque o predicado («12») non está contido de maneira evidente no suxeito («7 + 5»). A suma require unha síntese das unidades individuais para chegar á conclusión, ampliando así o coñecemento. No que refire á xeometría, Kant utiliza o exemplo «a liña recta é o camiño máis curto entre dous puntos». Este xuízo tamén é universal e necesario, características dun coñecemento *a priori*. É sintético porque o predicado («máis curto») introduce unha propiedade baseada na magnitude, que non está implícita no concepto de «liña recta».

A continuación, Kant dá conta do caso da física, da que ofrece como exemplo «a cantidade de materia do mundo permanece constante nas súas transformacións». Este principio é tratado pola física como unha lei universal e necesaria, o que o cualifica como *a priori*. Ao mesmo tempo, é sintético porque o concepto de «materia» non inclúe directamente a noción de constancia na súa cantidade, engadindo así información nova ao suxeito.

Desta análise, Kant conclúe que as ciencias están constituídas por xuízos *sintéticos a priori*. Este feito impón unha tarefa fundamental para a filosofía: identificar os fundamentos destes xuízos. Se se logra explicar como son posibles, tamén se poderán establecer os límites do coñecemento humano e determinar se a metafísica pode aspirar ao rango de ciencia. Precisamente este é o obxectivo central da *Crítica da razón pura*: esclarecer as condicións que fan posible o coñecemento e, ao mesmo tempo, delimitar os seus alcances e as súas limitacións.

O pensamento sobre as ciencias levará a Kant á súa seguinte hipótese:

Kant dáse conta de que as matemáticas xorden na Grecia antiga, pero o nacemento da xeometría prodúcese cando algúns pensadores —como Tales ou Pitágoras— descubren que a xeometría non é unha mera descrición do mundo físico, senón unha construción racional creada pola mente humana para entender a realidade. Por este motivo, a xeometría posúe universalidade e necesidade, xa que as súas proposicións dependen da estrutura do pensamento humano.

Do mesmo xeito, a física moderna emerxe como ciencia no século XVI a través do que se denominou «revolución copernicana». Copérnico propuxo unha inversión conceptual, defendendo que a mente humana debe adaptar os obxectos ás súas capacidades de coñecemento, e non ao contrario. Este enfoque foi confirmado posteriormente por Galileo, que demostrou como a física podía formular leis universais mediante a experimentación e a abstracción matemática.

Inspirándose nesta revolución científica, Kant formula a súa propia «revolución copernicana» no ámbito do coñecemento. Propón que o problema do coñecemento reside na suposición tradicional de que o suxeito debe adaptarse ao obxecto. Pola contra, Kant sostén que son os obxectos os que deben ser adaptados ás estruturas cognitivas do suxeito.

Deste xeito, as categorías fundamentais do coñecemento e a posibilidade dunha ciencia universal dependen das capacidades cognitivas do ser humano. O coñecemento é posible porque o suxeito impón as súas formas e categorías sobre os obxectos, organizándoos segundo as leis da súa sensibilidade e do seu entendemento. Este coñecemento, ao que Kant chama «transcendental», refírese non aos obxectos en si mesmos, senón ás condicións que fan posible coñecelos.

O coñecemento transcendental é, pois, aquel que investiga como o suxeito coñece os obxectos ao configurar activamente as súas experiencias. Neste sentido, Kant define o termo «transcendental» como «o coñecemento que se ocupa non dos obxectos, senón do noso modo de coñecer os obxectos, en tanto que este modo debe ser posible 'a priori'».

Para analizar este proceso, Kant distingue entre dúas fontes principais de coñecemento: a sensibilidade e o entendemento. Ambas brotan dunha *descoñecida raíz común*. A sensibilidade proporciónanos as intuicións sensibles —as representacións inmediatas dos obxectos—, mentres que o entendemento organiza estas intuicións mediante conceptos. Xuntas, ambas capacidades fan posible o coñecemento.

A primeira parte da *Crítica da razón pura* céntrase na análise da sensibilidade e denomínase «Estética transcendental». Nela, Kant examina como os obxectos se presentan á conciencia a través do espazo e o tempo, que funcionan como formas *a priori* da sensibilidade. Estas formas permiten organizar a experiencia mesmo antes de que os obxectos sexan percibidos concretamente. Este estudo marca o inicio do proxecto transcendental de Kant para establecer os fundamentos do coñecemento humano.

A estética transcendental, como o seu propio nome indica, examina as formas *a priori* da sensibilidade, é dicir, os modos nos que o ser humano recibe e organiza as sensacións. Estas formas son dúas intuicións fundamentais: o espazo e o tempo.

Segundo Kant, o espazo é a forma dos sentidos externos, permitindo ao suxeito representar os obxectos que percibe fóra de si mesmo. Pola súa parte, o tempo é a forma dos sentidos internos, servindo para organizar as impresións sensoriais internas en secuencias temporais. Estas dúas intuicións configuran o noso modo de coñecer os obxectos sensibles, transformándoos en fenómenos. En consecuencia, non podemos coñecer as cousas tal como son en si mesmas (noúmenos), senón só como aparecen a través da nosa configuración cognitiva.

A partir disto, Kant explica como as matemáticas fundamentan os seus xuízos sintéticos *a priori*. No tocante á xeometría, esta constrúe os seus postulados *a priori* baseándose na intuición do espazo. Por exemplo, o enunciado «dadas tres liñas, construír un triángulo» demóstrase *sinteticamente a priori* ao estruturar a intuición do espazo segundo as súas propiedades. En canto á aritmética, esta susténtase na intuición do tempo, xa que todas as operacións aritméticas dependen da sucesión temporal. Kant utiliza o exemplo do ábaco para ilustrar este punto: ao sumar «2 + 2», as unidades móvense dunha posición a outra, destacando a importancia do tempo como estrutura subxacente.

Deste modo, Kant conclúe que os fundamentos dos xuízos *sintéticos a priori* na sensibilidade residen nas «intuicións puras» do espazo e do tempo. Esta visión tamén recoñece o papel da experiencia sensible, en liña con algunhas afirmacións dos empiristas, pero afírmase que a sensibilidade está configurada por estas formas previas que permiten ordenar a experiencia.

A segunda parte da *Crítica da razón pura* é a «Lóxica transcendental», que examina como o entendemento pensa os obxectos proporcionados pola sensibilidade. Aquí Kant diferencia a súa lóxica transcendental da lóxica formal de Aristóteles, a cal se ocupaba exclusivamente das formas do razoamento sen atender ao contido. Pola contra, a lóxica transcendental céntrase nos contidos e na súa relación coas facultades cognitivas.

Esta lóxica divídese en dúas seccións principais. En primeiro lugar a «Analítica transcendental», encargada de estudar as leis do entendemento *(Verstand)*, analizando como este organiza os datos sensibles mediante conceptos. A continuación, a «Dialéctica transcendental», que se dedica á razón *(Vernunft)* e ao seu uso teórico, examinando os erros e ilusións nos que pode caer ao transcender os límites do coñecemento.

A analítica transcendental basearase nos *conceptos puros do entendemento*, ou categorías, que unifican os datos proporcionados pola sensibilidade. Estes conceptos permiten ao entendemento xulgar os obxectos, aplicando unha orde racional ao múltiple dado na experiencia.

Kant afirma que as categorías non son modos do ser, como pensaba Aristóteles, senón modos do pensamento humano. Ademais, considera que se pode deducir o número exacto destas categorías analizando os tipos de xuízos formulados na lóxica tradicional. Así, os xuízos lóxicos —xa establecidos por Aristóteles— serven de base para identificar as 12 categorías kantianas. Esta dedución é coñecida como a «dedución metafísica das categorías».

O esquema das categorías é o seguinte:

- Cantidade:
  - Unidade (xuízos universais)
  - Pluralidade (xuízos particulares)
  - Totalidade (xuízos singulares)

- Calidade:
  - Realidade (xuízos afirmativos)
  - Negación (xuízos negativos)
  - Limitación (xuízos infinitos)
- Relación:
  - Inherencia e subsistencia (xuízos categóricos)
  - Causalidade e dependencia (xuízos hipotéticos)
  - Acción recíproca ou comunidade (xuízos disxuntivos)
- Modalidade:
  - Posibilidade-imposibilidade (xuízos problemáticos)
  - Existencia-non existencia (xuízos asertóricos)
  - Necesidade-continxencia (xuízos apodícticos)

Logo da «dedución metafísica», Kant aborda a «dedución transcendental», que ten como obxectivo demostrar como as categorías configuran efectivamente o obxecto do coñecemento. A cuestión clave é: como se relacionan os diversos fenómenos que aparecen de xeito inconexo para formar un obxecto unificado? A resposta reside na función sintetizadora do entendemento, que agrupa e enlaza as representacións nun todo coherente.

No centro deste proceso está a «apercepción transcendental», tamén coñecida como o «eu penso» *(ich denke)*. Para Kant, esta apercepción non é unha substancia, como o «eu» cartesiano, senón unha función activa que sintetiza e unifica as representacións. Constitúe, por tanto, o principio último da unidade da experiencia.

Unha vez deducidas e validadas as categorías, Kant procede a fixar as regras para aplicalas aos casos particulares. Este proceso estrutúrase na chamada «analítica dos principios», dividida en dúas partes: o «esquematismo transcendental» e o «sistema dos principios do entendemento puro».

O «esquematismo transcendental» aborda como se relacionan as intuicións sensibles coas categorías abstractas. Por exemplo, cando captamos os fenómenos «sol» e «quecemento», aplicamos a categoría de «causa-efecto». Pero por que seleccionamos esa categoría e non outra? Segundo Kant, isto ocorre grazas aos «esquemas», que actúan como mediadores entre as intuicións e as categorías. Estes esquemas son determinacións do tempo, que organizan e ordenan os fenómenos de acordo cun patrón específico.

Kant ofrece exemplos concretos: a regularidade temporal conecta «sol» e «quecemento» coa categoría de causalidade. A permanencia no tempo corresponde á categoría de substancia, mentres que a existencia en todo tempo vincúlase á categoría de necesidade. Cada categoría, polo tanto, posúe un esquema propio baseado no tempo.

Tras establecer os esquemas, Kant define os principios do entendemento puro, que regulan a conexión necesaria entre os fenómenos. Estes principios inclúen axiomas da intuición —establecen que toda intuición empírica posúe unha magnitude extensiva—, anticipacións da percepción —postulan que toda percepción contén unha magnitude intensiva (grao de sensación) —, analoxías da experiencia —determinan as relacións causais e de coexistencia entre os fenómenos— e, finalmente, postulados do pensamento empírico —formulan as condicións para a posibilidade, existencia e necesidade dos obxectos na experiencia—.

Con este sistema, Kant analiza como son posibles os xuízos *sintéticos a priori* na física. A física pura ocúpase dos fenómenos, e estes rexen polas categorías, que actúan como as leis fundamentais da natureza. Así, o coñecemento científico obtén a súa universalidade e necesidade ao basearse nas regras de uso das categorías.

Porén, Kant distingue explicitamente o *fenómeno* do *noúmeno*, ou *cousa-en-si*. Os fenómenos son os obxectos tal como aparecen ao suxeito, mentres que o noúmeno é a realidade subxacente, inaccesible á experiencia. Kant utiliza a metáfora dunha illa rodeada por un mar infinito: a illa representa o mundo dos fenómenos, o único ámbito onde podemos construír coñecemento científico, mentres que o mar simboliza o dominio inexplorado do noúmeno, que queda fóra do alcance da ciencia.

A metafísica, ao buscar coñecementos máis aló do sensible, pretende penetrar no ámbito do noúmeno. Esta aspiración é, segundo Kant, problemática, xa que o coñecemento humano está limitado ao mundo fenoménico. A «Dialéctica transcendental» abordará precisamente esta cuestión, examinando se a metafísica pode ser considerada unha ciencia lexítima.

Para Kant, o desexo da razón de ir alén do fenómeno é irrefreable; é unha tendencia natural e inevitable. Porén, cando isto sucede, a razón cae en ilusións ou enganos, pero trátase de ilusións necesarias. Mesmo cando estes erros son claramente identificados, a razón segue a recaer neles. A Dialéctica transcendental encárgase de estudar estas ilusións e de criticar os erros derivados do uso indebido da razón teórica.

Kant define a razón como a «facultade do incondicionado», diferenciándoa así do entendemento. Mentres este organiza os fenómenos mediante categorías, a razón busca ir máis aló deles para atopar principios últimos e incondicionados. A razón, polo tanto, é a facultade da metafísica, xa que se orienta cara ao Absoluto. Tamén é a facultade de suprema unificación, esforzándose por levar os principios do entendemento cara a un nivel máis profundo e fundamental.

Este impulso da razón maniféstase na formulación de tres ideas fundamentais, ás que Kant chama «Ideas transcendentais». En primeiro lugar, está a idea de alma, que busca unificar todos os fenómenos da experiencia interna, proporcionando unha unidade coherente ao eu. En segundo lugar, a idea de mundo, que pretende organizar os fenómenos da experiencia externa como unha totalidade, ofrecendo unha visión global do universo. En terceiro e último lugar, a idea de Deus, que funciona como a idea última que unifica as dúas anteriores, proporcionando unha síntese totalizadora que inclúe tanto o interno como o externo.

Cada unha destas ideas transcende os límites da experiencia posible e, ao facelo, conduce a erros sistemáticos. Por exemplo, ao aplicar a idea de alma, a razón intenta unificar os fenómenos internos nunha entidade substancial e permanente. Isto dá lugar aos chamados paraloxismos, que son falacias lóxicas. Un caso típico é considerar o «eu penso» como unha substancia, cando, en realidade, é só unha función unificadora.

Cando a razón aplica a idea de mundo como totalidade, xorden antinomías ou contradicións irresolubles. Estas antinomías divídense en teses e antíteses, que teñen a mesma validez racional pero non poden ser resoltas mediante a experiencia. Kant formula catro antinomías principais:

1. O mundo é finito ou infinito no espazo e no tempo?

2. Está composto por partes indivisibles ou é infinitamente divisible?

3. Os acontecementos son determinados causalmente ou existe liberdade?

4. Existe unha causa primeira necesaria ou todo é continxente?

Cada unha destas cuestións leva a argumentos contraditorios que revelan os límites da razón cando intenta ir alén da experiencia sensible. Así, a dialéctica transcendental analiza non só os erros inherentes á metafísica tradicional, senón tamén a tendencia inevitable da razón humana de buscar explicacións máis alá do fenoménico. Esta análise prepara o camiño para a crítica ás pretensións da metafísica como ciencia.

O terceiro caso, que refire a Deus como o gran unificador de esferas, representa o gran ideal pero é indemostrable polas vías da razón. Aínda así, ao longo da historia formuláronse continuamente argumentos filosóficos para tentar demostrar a súa existencia. Kant clasifica estes argumentos en tres categorías principais:

1. Argumento ontolóxico *(a priori)*: Parte do concepto de Deus como o ser máis perfecto e deriva a súa existencia da necesidade desta perfección. Desenvolvido por Anselmo de Canterbury, Descartes e Leibniz, este argumento supón que un ser perfecto debe necesariamente existir. Kant critica este enfoque por tentar pasar dun predicado ideal a un predicado real. Para el, a existencia non é unha calidade inherente a un concepto; é unha condición empírica, non deducible a partir dun concepto abstracto.

2. Argumento cosmolóxico: Baseado na experiencia do mundo, infire que a existencia de seres continxentes require unha causa necesaria, identificada como Deus. Kant rexeita este argumento porque aplica a categoría de causa-efecto máis aló da experiencia sensible, o que resulta ilexítimo. Ademais, ao depender finalmente do argumento ontolóxico para probar a existencia de Deus, comparte os seus mesmos defectos lóxicos.

3. Argumento físico-teolóxico: Inspírase na orde e beleza do mundo para postular a existencia dun deseñador intelixente. A Kant agradáballe este argumento pola súa base empírica, pero conclúe que, na mellor das hipóteses, só podería demostrar a existencia dun arquitecto do mundo, non dun creador absoluto.

Ademais, este argumento tamén acaba dependendo do cosmolóxico e, por extensión, do ontolóxico.

Kant conclúe que a metafísica non pode ser considerada unha ciencia, xa que non corresponde ao modo humano de coñecer. A razón pura non pode probar a existencia de Deus, nin resolver as cuestións últimas sobre a alma ou o mundo. Porén, as ideas transcendentais teñen un uso *regulativo*. Funcionan como guías para o pensamento, impulsando a razón a ampliar os límites do coñecemento sen pretender superalos.

Esta ambivalencia leva á conclusión de que, mentres a metafísica como ciencia é imposible, as súas preguntas seguen sendo significativas. As ideas regulativas ofrecen horizontes de sentido que organizan a investigación e inspiran novas reflexións, sen reclamar un coñecemento definitivo.

A *Crítica da razón pura* deixa claro que o coñecemento do noúmeno (a realidade en si mesma) non é accesible cientificamente. O noúmeno é pensable, mais non cognoscible. Así, Kant establece os límites do saber humano e delimita o ámbito no que a ciencia pode operar con validez.

Con esta análise, Kant senta as bases para unha revisión do coñecemento humano que será continuada na filosofía posterior. A súa proposta transcendental inspirará respostas tanto fenomenolóxicas, como as de Husserl, como críticas e interpretativas, propias da hermenéutica e da posmodernidade. Antes de abordar estas perspectivas, exploraremos con maior profundidade os elementos *a priori* que sustentan o proceso do coñecemento.

A formulación transcendental do coñecemento. Os elementos *a priori*

Despois da crítica kantiana aos límites do coñecemento, a filosofía viuse na necesidade de afondar nos fundamentos que fan posible a experiencia e a súa estrutura racional. Para Kant, o coñecemento require elementos previos, condicións universais e necesarias que organizan a percepción e o entendemento. Estes elementos, denominados *a priori*, non dependen da experiencia, senón que a fan posible ao proporcionar as formas e categorías fundamentais mediante as cales interpretamos o mundo.

A análise kantiana deixou aberta unha cuestión clave: en que medida estes elementos *a priori* condicionan o coñecemento sen determinar completamente a nosa relación co real? Esta pregunta será retomada e reformulada por pensadores posteriores, pero antes convén examinar con detalle a natureza destes elementos e o papel que desempeñan na construción do saber.

Este capítulo explora, pois, os elementos *a priori* e a súa función como base estrutural do coñecemento. Analizaremos como se integran no proceso cognitivo, os debates que suscitaron na filosofía moderna e as súas implicacións para a comprensión da relación entre suxeito e obxecto. Esta análise sentará as bases para abordar a fenomenoloxía de Husserl, que reformula a cuestión en termos de experiencia vivida e intencionalidade.

O *a priori* fai referencia, especialmente na filosofía moderna, a aquilo que é anterior á experiencia e que afecta decisivamente o proceso no que se ve envolto todo suxeito de coñecemento. A súa delimitación corresponde por tanto a un asunto epistemolóxico. Preguntarse polos elementos *a priori* no coñecemento implica por tanto cuestionarse que elementos previos afectan a un suxeito de coñecemento á hora de enfrontarse con aquilo que pode coñecer. Pode coñecerse a realidade tal cal é? Vaise o suxeito moldeando en virtude do obxecto que quere coñecer para facer efectivo devandito coñecemento? É o obxecto, pola contra, o que se vai moldeando en función do suxeito e o seu particular modo de coñecer a realidade? Como vemos, implicacións ontolóxicas estarán sempre presentes na formulación, a pesar de que nos centremos no status epistemolóxico dos elementos que dunha maneira ou outra afectan o proceso do coñecer humano.

Estableceremos dous posibles tipos de *a priori*: un *a priori* absoluto —que referiría a aquilo que afecta previamente a todo proceso de coñecemento de forma universal e necesaria— e un *a priori* relativo —que faría referencia aos procesos que afectan previamente a todo proceso de coñecemento, aínda que sexan diversos nuns ou outros suxeitos, e se refiran a unhas instancias ou outras—. Así mesmo, outra distinción posible sería falar dun *a priori* de contido —especificamente referido a aqueles contidos previos ao proceso de coñecemento— e un *a priori* de estruturas —onde sería a cuestión estrutural o *anterior*, estruturas baleiras de contido, pero presentes de maneira decisiva en todo acto de coñecemento—.

Respecto a unha posible historia dun *a priori absoluto*, etimoloxicamente a expresión *a priori* ten unha orixe medieval, aínda que a discusión que lle deu lugar remóntase a Aristóteles e á súa distinción entre o anterior e o posterior.

Para o estaxirita o anterior podía ser ben segundo a razón (e sería o universal) ben segundo a sensación (e sería o individual). Á súa vez podía ser anterior segundo a natureza ou segundo nós. Neste sentido, outra distinción aristotélica é a daquilo que é máis coñecido por natureza e o que é máis coñecido por nós. Para Aristóteles os obxectos sensibles son o anterior e o máis coñecido por nós, mentres que o máis afastado do sensible é o anterior e máis coñecido pola natureza, dun modo absoluto, que sería previo a todo outro coñecer.

Estas disquisicións, como moitas veces en Aristóteles, nunca de todo claras, animaron a discusión na época medieval sobre o que era anterior e posterior tanto ontolóxica como epistemoloxicamente. Neste último sentido a filosofía árabe relacionaba o problema con outra distinción aristotélica, a do «saber que» e «saber como», a primeira referida ao coñecemento polos efectos, e a segunda ao coñecemento segundo causas. Por iso, o coñecemento anterior, *a priori*, sería o coñecemento segundo causas *(propter quid)*, mentres que o coñecemento por efectos sería *a posteriori (quia)*.

Na época moderna, a cuestión diríxese a interrogar sobre a orixe e a natureza do coñecemento humano, e o racionalismo fixará que a razón é o anterior, mentres que o empirismo asegurará que o anterior é a experiencia. En ambos os casos falaremos sempre dun *a priori de contidos*.

Para o racionalismo, o coñecemento racional se basea en principios evidentes, é por tanto un coñecemento *a priori*, mentres que o experiencial é *a posteriori*. Para o empirismo, en cambio, o coñecemento experiencial é o anterior, xa que é previo a todo coñecemento por causas ou principios. Por tanto sería *a priori* en sentido aristotélico. Os autores modernos onde a distinción *a priori-a posteriori* aparece con maior claridade son, á parte de Kant, Leibniz e Hume, distinguindo o primeiro entre «verdades de razón» e «verdades de feito», como xa vimos, e o segundo entre «relacións de ideas» e «cuestións de feito». En ambos os casos presuponse a distinción entre o analítico e o sintético.

Para Hume as relacións de ideas son enunciados analíticos, *a priori*, independentes da experiencia, pero non nos achegan información nova sobre o mundo, son meras tautoloxías. Para Leibniz, con todo, as verdades de razón son verdades eternas, necesarias, innatas e *a priori*, a diferenza das verdades de feito, que dependen da experiencia e son continxentes. É interesante facer notar que para Leibniz o *a priori* non aparece de forma clara e evidente para a mente que pensa, polo menos non sempre, pois moitas veces non nos apercibimos diso, soamente un «espírito atento», como dicía Descartes, pode darse conta do mesmo.

Kant recolle esta discusión e achégase ao concepto de *a priori* en relación á súa independencia da experiencia, inaugurando o *a priori estrutural*. Para Kant, o *a priori* é independente da experiencia, mentres que o *a posteriori* é dependente dela. Isto en Kant é entendido de maneira absoluta, un coñecemento é *a priori* cando nada hai nel empírico. Como Kant non se ocupa da orixe do coñecemento —a diferenza de Descartes ou Hume—, senón da súa validez, para el a cuestión é explicar como se pode xustificar a universalidade e necesidade do coñecemento humano, do suxeito transcendental, que será entendido como aquel que conta cunhas estruturas cognoscentes *a priori* que aseguran dita universalidade.

Outra distinción nova de Kant refire, como é sabido, a que para el existen non só xuízos analíticos *a priori*, senón tamén *sintéticos a priori*, o cal era unha contradición nos termos de Leibniz ou Hume. E a procura deles é o que guiará a Kant ao longo da *Crítica da razón pura*, como vimos, coa intención de fundamentar a universalidade e necesidade do coñecemento científico. Con todo, non os atopa na metafísica, porque o *a priori* non se aplica ao noúmeno, só aos fenómenos. A nosa estrutura cognoscente, ao ser *a priori*, implica que sería incapaz de captar configuracións alleas ao humano, as cousas tal e como son en si mesmas, senón só tal e como se nos aparecen.

A luva de Kant é recollida, en certo xeito, pola neurobioloxía contemporánea, polo menos no sentido de poñer toda a énfase nas estruturas sensoriais que o cerebro humano ten respecto a outras especies e formas de vida, aínda que este tipo de estruturas tamén poden ser individuais, e facer entrar por tanto a cuestión nun terreo relativo.

En primeiro lugar, por exemplo Thomas Nagel (1937–) parte do feito de que a nosa experiencia depende da nosa estrutura sensorial, motivo polo cal poden existir feitos para cuxa observación ou comprensión non dispoñemos de instrumentos adecuados. Así como nós non estamos en situación de entender que «efecto» produce ser un morcego, de igual forma un eventual extraterrestre, provisto dunha estrutura físico-psíquica distinta da humana, non podería comprender o «efecto» que produce ser humano. Máis ao detalle, só somos capaces, por exemplo, de captar unha moi pequena parte do espectro electromagnético. O resto do espectro —que transporta programas de televisión, raios X, raios gamma, conversacións de móbil, etc.— pasa a través de nós sen que nos deamos conta. As abellas, en cambio, inclúen na súa realidade información transportada sobre lonxitudes de onda ultravioleta, e a serpe de cascabel posúe infravermellos na súa visión do mundo. O que somos capaces de experimentar está completamente limitado pola nosa bioloxía.

De feito, segundo Konrad Lorenz (1903–1989) cada especie animal experimenta e capta un mundo distinto, produto tanto dos estímulos *a posteriori* do mundo exterior como das formas *a priori* do seu aparello neurosensorial. As estruturas perceptuais incorporadas no noso aparello neurosensorial son *a priori* respecto ao individuo, pois nace con elas, sonlle innatas. Pero son *a posteriori* respecto da especie, que as foron adquirindo no curso da evolución, baixo a constante presión selectiva da realidade exterior. O cal equivale á destrución do concepto dun *a priori absoluto*, por canto algo que xurdiu no curso da filoxenia, e é por tanto *a posteriori*, funciona como condición das operacións cognoscitivas e reactivas individuais.

Pero non só iso, senón que o noso aparello neurosensorial non é idéntico en todos os membros da especie: hai persoas sinestésicas —que experimentan diferentes percepcións sensoriais á vez, fusionadas nunha mesma experiencia—, existe unha fracción de mulleres que posúen non tres, senón catro tipos de fotorreceptores da cor —co cal a súa experiencia cromática é moi diferente da habitual— e, por suposto, existen persoas invidentes ou mesmo xordocegas, cuxas experiencias do mundo dependen inexorablemente das súas estruturas particulares biolóxicas, que son nese sentido *a priori*, e que provocan que o seu coñecemento sexa moi diferente do de outros. A partir de aquí, polo tanto, seguiríase co *a priori estrutural*, soamente que agora facendo parte dunha posible historia do *a priori relativo*.

Nese sentido, e máis aló da bioloxía, existen elementos *a priori* en determinadas concepcións lingüísticas, por exemplo a desenvolvida por Noam Chomsky (1928–), para quen existe unha estrutura innata na mente humana sen a cal a aprendizaxe da linguaxe non sería posible. Os elementos *a priori*, para Chomsky, serían especificamente regras dunha gramática universal que subxace en todas as gramáticas particulares e, por tanto, en todas as linguas humanas. A súa inversión estrutural atópase no relativismo lingüístico, que tenta mostrar como as estruturas conceptuais que constitúen a nosa visión do mundo se desenvolven e adquiren dentro dun marco social e cultural específico. Hai unha gran diversidade de estruturas lingüísticas e cognoscitivas e unha falta de coincidencia entre os límites dos campos semánticos de palabras supostamente traducibles entre si. De feito, en determinadas culturas non existen palabras para nomear realidades que noutras están claramente diferenciadas.

Unha das formulacións máis contundentes da teoría do relativismo lingüístico é a hipótese etnolingüística de Sapir-Whorf. Partindo do recíproco condicionamento de pensamento e linguaxe, a linguaxe dunha comunidade determina a maneira de pensar e de concibir a realidade dos seus falantes. A linguaxe non só permite a expresión do pensamento, senón que o constitúe. Por iso, no límite, dúas comunidades que falen linguas distintas viven, de feito, en dúas realidades distintas, xa que a constitución da imaxe do mundo real baséase en hábitos e estruturas lingüísticas, de maneira que dúas linguaxes distintas comportan dúas concepcións distintas do mundo. Non é posible unha tradución absoluta entre linguas dispares, xa que as súas estruturas e categorías son diferentes, e tampouco poden ser iguais as concepcións do mundo asociadas a devanditas linguas. Benjamin Whorf (1897–1941) reforzou as teses do seu profesor Edward Sapir (1884–1939) cos seus estudos sobre a lingua dos indios hopi, ao sinalar que as categorías fundamentais do pensamento, tales como as de espazo, tempo, suxeito e obxecto, non son as mesmas nunha lingua indoeuropea que nunha lingua de orixe non indoeuropeo.

Os debates arredor dos elementos *a priori* revelan tanto a complexidade como as limitacións do coñecemento humano. Se Kant analizara o *a priori* como condición universal e necesaria do coñecemento, os desenvolvementos posteriores mostraron unha tendencia crecente a relativizalo e contextualizalo, xa sexa a través da bioloxía, a linguaxe ou a cultura. Este desprazamento dende a universalidade cara á particularidade abriu o camiño á fenomenoloxía de Husserl, quen, mantendo a preocupación polos fundamentos do coñecemento, reformula a cuestión centrando a atención na experiencia vivida e na intencionalidade da conciencia. Neste sentido, Husserl retoma e transforma o proxecto transcendental, propoñendo unha análise fenomenolóxica que busca superar as dicotomías clásicas entre suxeito e obxecto, realidade e representación.

A fenomenoloxía de Husserl

Despois da crítica kantiana á metafísica como ciencia, a filosofía enfróntase ao desafío de redefinir os seus fundamentos. Se para Kant o coñecemento só é posible nos límites impostos pola experiencia sensible e polas categorías do entendemento, queda aínda por responder como se constitúe o sentido no interior desa experiencia. A fenomenoloxía de Edmund Husserl (1859–1938) xorde precisamente para dar resposta a esta cuestión, propoñendo un novo método filosófico que investiga as estruturas fundamentais do coñecemento desde a perspectiva da conciencia.

Husserl retoma o proxecto kantiano dunha filosofía transcendental, pero afástase da súa división entre fenómeno e noúmeno. En lugar de aceptar un ámbito inaccesible á razón, Husserl busca describir aquilo que se manifesta directamente na experiencia, investigando como os obxectos aparecen á conciencia. Deste modo, a fenomenoloxía preséntase como unha análise descritiva do vivido, permitindo unha comprensión máis profunda da relación entre o suxeito e o mundo.

Este enfoque fenomenolóxico non é só un desenvolvemento epistemolóxico, senón tamén unha tentativa de restaurar a lexitimidade da filosofía como ciencia rigorosa. Mentres Kant deixaba aberta a tensión entre o saber e os seus límites, Husserl aposta por unha clarificación conceptual e metodolóxica que permita reconstruír o coñecemento desde as súas bases. Así, a fenomenoloxía inaugura unha nova etapa na filosofía contemporánea, buscando responder as preguntas que Kant deixou sen resolver.

Desde un punto de vista científico —no sentido moderno do termo—, comprender un fenómeno implica identificar relacións constantes e uniformes na natureza, formulando leis verificables mediante a indución ou a experimentación. Este enfoque, propio da ciencia empírica, ofrece ferramentas para describir a realidade, pero Husserl cuestiona se pode proporcionar tamén un fundamento último para o coñecemento. A fenomenoloxía, entón, preséntase como unha alternativa: un método filosófico que investiga as estruturas intencionais da conciencia, permitindo acceder ao mundo tal como é dado na experiencia.

Mais un dos problemas que xorden é saber se os feitos empíricos son verdadeiramente a realidade última á que debemos acceder. Ou dito doutro xeito, a captación dos feitos lévanos a captar a realidade tal e como se nos presenta? Nesta dilucidación atopamos varias posibilidades. Unha delas considera que a realidade se capta mediante os feitos e estes mediante a percepción sensorial, cuxos datos son interpretados polo suxeito en base a unha tradición de pensamento da que fai parte. Outra, con todo, considera que o feito de facer parte dunha tradición pode falsear a nosa experiencia única e inmediata con aquilo que percibimos, o que pode facer que perdamos de vista o verdadeiramente importante, a esencia da nosa experiencia. Esta será a posibilidade que explotará desde comezos do s. XX a chamada fenomenoloxía, que terá en Husserl ao seu pai fundador e a un dos representantes cruciais do que el veu en chamar *fenomenoloxía transcendental*.

A este respecto e como é sabido, Kant define *transcendental* como o «coñecemento que ten que ver non cos obxectos senón co noso modo de coñecer os obxectos, en tanto que este debe ser posible *a priori*». Pese a que esta definición kantiana será fundamental para Husserl, hai algunhas diferenzas importantes respecto ao que ambos pensadores consideran transcendental, pois en Kant ten un sentido eminentemente epistemolóxico, mentres que para Husserl a relevancia crucial é a da *autoobservación* dos propios contidos e actos de conciencia.

O contexto no que xorde a fenomenoloxía é o seguinte: a finais do século XIX vívese no seo académico unha predominancia dos modelos psicoloxista e positivista, que acabaron sendo os dominantes debido ao baleiro que se apoderou do mundo filosófico coa caída do sistema de Hegel. Así, vívese nun ambiente no que a ciencia substituíu *de facto* á filosofía como referencia fundamental. Husserl observa, porén, crises nas ciencias e culpa diso á súa desvinculación da filosofía. De aí que para resolver tales crises Husserl busque fundamentar filosoficamente as ciencias. Mentres que o positivismo se ocupa fundamentalmente de avanzar nos resultados das súas investigacións, a fenomenoloxía pretenderá regresar ao comezo para non dar nada por suposto, volver andar o camiño.

Neste volver andar, veremos como en determinados momentos Husserl camiña preto tanto de Platón como de Aristóteles, tanto de Descartes como de Kant, ademais de compartir preocupacións e teses co formalismo lóxico e anticipar algunha das vías do pensamento de, entre outros, Heidegger. É por todo isto un filósofo clásico.

No camiño da fundamentación da ciencia e a procura da verdade, Husserl buscará aquilo que se lle presenta á conciencia con evidencia. Así, distingue entre *verdades fácticas* e *verdades universais e necesarias*. Estas últimas son as verdades lóxicas, que son comúns a todas as ciencias e que non dependen dos datos observables. Tales leis, por exemplo o principio de non contradición, xeran en nós unha evidencia intuitiva inmediata, pero a evidencia deste principio, di Husserl, non depende da certidume que sentimos ao invocalo senón ao contrario, é a súa validez apodíctica a que provoca o noso sentimento. Ademais de principios lóxicos tamén hai proposicións evidentes —«o verde é unha cor», «o peso non é unha cor»— e hai categorías —como a conxunción e disxunción— que non dependen da observación empírica. Polo tanto unha cousa son as *proposicións empíricas*, que se obteñen con base na experiencia mediante indución, e outra cousa son as *proposicións universais e necesarias*, que son as condicións que fan posible unha teoría.

A partir desta diferenciación, Husserl distinguirá entre *intuición dun dato de feito* e *intuición dunha esencia*, interesándolle a el especialmente a intuición das esencias, aínda que nun dos seus primeiros libros, *Investigacións lóxicas*, aínda emprega o termo *especie*. De aquí que sexa relevante lembrar que o que formula Husserl ten a súa conexión cunha das discusións clásicas entre Platón e Aristóteles sobre quen ten prioridade fundamentadora, se o particular ou o xeral. Vexamos por que.

Segundo Aristóteles, como é sabido, o coñecemento arranca a partir de que os sentidos capten aquilo que teñen diante, que sempre é algo concreto, un individuo. O que fai o coñecemento científico é englobar aos distintos individuos en grupos, estudando pois as propiedades que estes teñen en común. Eses distintos grupos son os xéneros e as especies, que se identifican en virtude da súa esencia. En todo caso, o movemento gnoseolóxico descrito por Aristóteles vai do individual cara ao universal.

Para Husserl o coñecemento tamén comeza coa experiencia, do seguinte modo. Un feito é o que sucede aquí e agora, algo continxente (*un* son, *unha* cor), mais cando o captamos, xunto a el captamos tamén unha esencia (*o* son, *a* cor).

A herdanza platónica aparece, ao noso xuízo, cando Husserl afirma que o feito de que «esta cor» sexa un caso particular da esencia «cor» significa que non chegamos ao xeral mediante a clasificación de casos particulares —como diría Aristóteles— senón que as distintas cores son casos particulares da idea de cor, que é a súa esencia, e que nós captamos intuitivamente, con anterioridade aos datos de feito, sendo a causa de que podamos comparar estes entre si e clasificalos. Esta intuición Husserl chámaa *intuición eidética*. O individual anúnciase á conciencia mediante o universal. Os feitos singulares son casos de esencias eidéticas, que serían os universais, conceptos que permiten recoñecer, clasificar e distinguir os feitos individuais.

Husserl decátase de que xunto cos datos empíricos que chegan á conciencia, por exemplo o son dun violín ou a cor vermella do solpor, a conciencia capta algo máis, chega a captar o modo como se presenta o feito, o vehículo que utiliza, aquilo previo do que fai parte, o *quid*, a «esencia», a esencia do feito. É dicir, a conciencia recoñece que ante o son dun violín e o dun piano, os feitos son distintos pero manteñen a mesma esencia: ambos son son. O mesmo pasa, por exemplo, coas cores. Podemos dicir que os feitos son algo particular, continxente, algo que sucede aquí e agora e podería non suceder, mentres que as esencias son algo universal e necesario.

Como chegar a poder desenvolver este coñecemento intuitivo, de esencias? Husserl afirma que algo importante é ser quen de abstraer aquilo transmitido pola tradición filosófica e científica, para que o seu peso non condicione a posibilidade dunha intuición orixinaria e inmediata. Aquí poderiamos ver en Husserl a influencia de Descartes, para quen o criterio de verdade tamén era a evidencia, tamén buscaba unha nova fundamentación da ciencia a partir da filosofía, abstraéndose do ensinado pola tradición —que consideraba culpable de transmitir coñecementos erróneos (como a concepción física e astronómica aristotélica)— e para quen o método a seguir partía da dúbida, do criterio de dubidar de todo o que non se presentaba con evidencia.

En Husserl o criterio para comezar o método será practicar o que el chama *redución fenomenolóxica* ou *epoché*. Husserl recupera o nome da concepción escéptica pero propón o método como medio e non como fin, do mesmo xeito que a dúbida de Descartes. A *epoché* implicará suspender o xuízo, no sentido de poñer entre paréntese todo aquilo que nos transmitiu a tradición, incluída a ciencia. A intención será captar as cousas dunha maneira distinta, intuitiva. Ou dito doutro xeito, *volver ás cousas mesmas*, que será un dos lemas máis afamados da fenomenoloxía. A través da *epoché* Husserl chega ao seguinte principio: «toda evidencia que se ofrece nunha intuición orixinaria é un fundamento de dereito do coñecemento».

Husserl tamén parte do entrelazamento entre suxeito e obxecto que xa Kant afirmara, é dicir, o suxeito e o obxecto dependen mutuamente o un do outro: se non hai obxecto que captar o suxeito está cego, e se non hai suxeito que capte un obxecto, este é baleiro. Sen un non hai outro. En Husserl o suxeito é a conciencia, e isto sérvelle para propoñer como característica fundamental dela a *intencionalidade*, isto é, que tende sempre cara a algo, xa que a conciencia é sempre conciencia de algo, tende como todo suxeito cara ao seu obxecto, cara ao seu «outro». Vemos así que a conciencia sempre se presenta acompañada daquilo que se lle aparece, e esta é outra maneira de distinguir o suxeito de Husserl do de Descartes: diriamos que o suxeito cartesiano é o *cogito* e o husserliano o *cogito* cos seus *cogitata*.

Polo tanto, por unha banda está o fenómeno, aquilo que aparece á conciencia, e por outra banda está o aparecer dese fenómeno, e iso é a esencia. Husserl precisará esta distinción chamando *noesis* á experiencia da conciencia e *noema* a aquilo do que se ten conciencia. O obxectivo da fenomenoloxía non será explicar os noemas senón describir a noesis.

Mais o que Husserl non poderá evitar será enfrontarse a unha das grandes cuestións filosóficas que tantos problemas lle dera a Descartes: o risco de solipsismo, o perigo de quedar encerrado nas percepcións da conciencia, ao non poder resolver o chamado «problema das outras mentes», ou neste caso, «das outras conciencias», a saber, como xustificar a validez do que se presenta á conciencia para outras conciencias? A solución que tentará Husserl precisamente no libro *Meditacións cartesianas* será presentar o «eu» como un «eu intersubxectivo», xa que ao considerar obxectivas as esencias, iso implicará que sexan as mesmas para calquera conciencia. Pese a iso, segundo todos os críticos acaba recaendo nunha posición idealista.

Mais o camiño da fenomenoloxía non fica aquí. Despois da morte de Husserl aparece a obra *A crise das ciencias europeas e a fenomenoloxía transcendental*, onde Husserl amosa unha inquietude moi forte por algo que non deixa senón esbozado. Entre os problemas que analiza e considera do estado actual da ciencia, un deles, como dixemos, é o do esquecemento das premisas das que parte, deixadas atrás sen consideración. Unha delas é para Husserl fundamental: o *Lebenswelt*, ou «mundo da vida», un mundo circundante natural e intersubxectivo, pre-dado a nós, sendo obxectivamente o mesmo mundo para todos pero do que cada un ten conciencia de diverso modo. O concepto é interesante ao sumar unha visión na que o pre-dado é un horizonte colectivo común a partir do cal aparece o dado, a outra que asume que o pre-dado é interpretado por cada suxeito de distinta forma.

Con isto Husserl mostra unha apertura, desde as súas bases, cara ao que serán posteriormente dous dos movementos filosóficos fundamentais do s. XX: o existencialismo e a axioloxía, desenvolvidos en distinta medida por dous autores que comezaron sendo os seus discípulos. Estámonos a referir a Martin Heidegger e Max Scheler.

Respecto ao existencialismo, onde Husserl fala de *Lebenswelt*, «mundo-da-vida», Heidegger dirá *In-der-Welt-sein*, «ser(estar)-no-mundo». En Heidegger isto ten relación coa súa tese básica en *Ser e tempo*, a saber, a esencia do ser humano reside na súa existencia. Mais profundizando nesta cuestión, Heidegger distingue dous planos dentro da existencia do ser humano: o existencial (*Existentiell*) e o existenciario (*Existenzial*). O primeiro refírese á existencia particular de cada quen, que se vai formando en virtude das decisións que, en exclusividade, un vai tomando segundo vai vivindo. O segundo, pola contra, refire ás características propias da existencia humana, compartidas por todo existente, e que son os seus supostos. É dicir, por esta banda está aquilo que toda persoa comparte con outra, un fondo común, e por aquela, as decisións ou interpretacións particulares que cada un fai a partir deste fondo común. Vemos pois que esta delimitación conceptual quizais non tería sido posible sen a influencia de Husserl, a quen, de feito, Heidegger dedica *Ser e tempo*.

Así mesmo, a desconfianza de Husserl na tradición, que o levou á súa proposta dunha *redución fenomenolóxica*, radicalízase con Heidegger, ao propoñer este, directamente, unha *deconstrución* da historia da metafísica que poida dar lugar a unha experiencia máis orixinaria non bloqueada por unha concepción de ser derivada, óntica, como ao seu xuízo sucedeu a partir da filosofía presocrática.

O mesmo sucede respecto da axioloxía de Max Scheler (1874–1928), pois este parte da existencia dunha esfera de valores obxectiva, con alcance ontolóxico, é dicir, subsistentes en si mesmos, e que son os que permiten que exista a valoración moral, en virtude das distintas maneiras en que estes valores se depositan nos distintos entes do mundo. Por iso é posible que os entes, ou accións, poidan ser así mesmo valorados moralmente, en función dos valores obxectivos que neles son depositados.

A cuestión crucial en relación co noso tema é que para Scheler, pese a que a esfera de valores é obxectiva e ten unha orde determinada —por exemplo, é superior o valor da xustiza ao do pracer—iso non é óbice como para que unha persoa en determinada situación aplique os valores seguindo outra escala, particular. Por exemplo, se está a sufrir unha grande dor, nese momento porá por diante o valor do pracer antes que o da xustiza. É dicir, a esfera é obxectiva pero é a vivencia persoal e a interpretación da mesma tirada pola persoa a que levará a que esta actúe dun xeito ou outro.

Deste modo vemos como a herdanza de Husserl pode dar lugar á profundización nas esferas máis particulares, subxectivas e vitais do ser humano, desconfiando do peso que a tradición filosófico-científica puxo nas nosas costas —é o que fai Heidegger—, como do mesmo xeito, defender como Scheler que existe unha esfera obxectiva, crucial, que non debemos en ningún caso perder de vista se non queremos ficar afogados en relativismos ou escepticismos radicais.

A fenomenoloxía de Husserl intentou restaurar o fundamento do coñecemento mediante a análise rigorosa da experiencia e da conciencia intencional. A súa proposta buscaba un acceso directo á esencia do vivido, evitando os dogmatismos do idealismo e os reducionismos do empirismo. Con todo, a tentativa de asegurar unha base sólida para o saber atopou novos desafíos no século XX.

Autores como Heidegger reinterpretarán a fenomenoloxía desde unha perspectiva máis existencial e hermenéutica, cuestionando se é posible un coñecemento completamente obxectivo e libre de prexuízos. A partir desta liña, Hans-Georg Gadamer desenvolverá unha hermenéutica filosófica que pon o acento na interpretación e na tradición como elementos constitutivos do coñecemento humano. Paralelamente, as correntes posmodernas afondarán na crise dos fundamentos, denunciando a fragmentación do sentido e a pluralidade irreducible das perspectivas.

Así, o foco desprazarase desde a procura de principios universais e necesarios cara á análise da linguaxe, da cultura e das estruturas simbólicas que moldean o noso saber. Esta transición marca o paso cara á hermenéutica e á posmodernidade, onde a interpretación e a historicidade ocupan o lugar central na reflexión filosófica.

Hermenéutica e posmodernidade

Vimos ata o de agora un inicio de crise nos fundamentos do coñecemento. Talvez foi aberta en maior medida a partir de Husserl, mais desde logo Heidegger profundiza nela. A partir do pensador de Friburgo, a cuestión atopará un desenvolvemento decisivo na hermenéutica de Hans-Georg Gadamer (1900–2002), discípulo de Heidegger. Gadamer xa non buscará verdades absolutas nin fundamentos definitivos, senón que afirmará que todo proceso de coñecemento é unha interpretación, e que toda interpretación está sempre condicionada pola tradición e pola historia.

A obra gadameriana *Verdade e método* (1960) encarna a tentativa de comprender como se construe o sentido a través do diálogo co pasado e coa cultura. Gadamer asume a partir de Heidegger a idea de que a comprensión non é unha actividade simplemente subxectiva, senón que tamén implica un tipo de mediación, a través da historia e da linguaxe. Neste sentido, para Gadamer comprender non é só entender o outro, senón entenderse con outro sobre algo, xa sexa un texto, un acontecemento histórico ou unha obra de arte.

A hermenéutica é, pois, un proceso de comprensión baseado na idea de que non partimos da nada, senón que sempre estamos inmersos nunha tradición, a partir da cal asumimos prexuízos ou aspiracións. Mais os prexuízos non teñen para Gadamer unha consideración negativa, nin son un problema para o coñecemento, senón que os asume como condicións necesarias para a comprensión. A verdade emerxe, entón, no proceso de diálogo entre o intérprete e o texto, a través do que Gadamer chama «fusión de horizontes».

Nesa mesma liña, retoma a noción de *círculo hermenéutico* presente xa en Heidegger. Segundo Gadamer, comprender implica un movemento circular, no que partimos dun prexuízo ou dunha precomprensión a partir da cal comezamos a interpretar, mais a primeira interpretación transforma e cambia á súa vez a precomprensión inicial, enriquecéndoa. Este proceso é infinito, porque nunca esgotamos o sentido dun texto ou dun acontecemento.

De todas formas, o círculo hermenéutico non é un círculo vicioso, senón algo dinámico e produtivo. Gadamer insiste no diálogo entre o intérprete e o texto, onde cada nova interpretación amplía e reconfigura o coñecemento. Do mesmo xeito, afirma que este proceso non conduce en todo caso a unha verdade absoluta, senón como máximo a unha comprensión enriquecida nos seus matices.

Outro concepto fundamental é o de *fusión de horizontes*, co que se refire ao proceso polo cal o horizonte do intérprete e o horizonte do texto ou do pasado se combinan para crear un novo horizonte de sentido. Este proceso non borra as diferenzas entre ambos, senón que as recoñece e integra dentro do diálogo.

A fusión de horizontes implica recoñecer, así mesmo, que todo coñecemento se basea na situación que está a vivir aquel que interpreta, pois nunca se observa un texto ou un acontecemento desde fóra, senón sempre desde unha posición concreta, determinada pola historia, a cultura e situación persoal. Esta perspectiva fai que a hermenéutica sexa unha filosofía profundamente histórica, que non ve posible separar o coñecemento do contexto no que se produce.

No mesmo sentido, para Gadamer a linguaxe desempeña un papel central na comprensión. O coñecemento prodúcese a través do diálogo, e este diálogo ten lugar sempre dentro dunha linguaxe compartida. A linguaxe non é un simple instrumento, senón o medio no que acontece a comprensión. Gadamer insiste en que a linguaxe non só expresa o pensamento, senón que tamén o estrutura e o fai posible.

Este énfase na linguaxe relaciona a hermenéutica co xiro lingüístico da filosofía contemporánea, destacando a importancia do discurso e da interpretación na construción do sentido. Gadamer ve na linguaxe un espazo común no que os interlocutores poden encontrarse e superar as súas diferenzas.

Outro aspecto fundamental do pensamento de Gadamer é a súa concepción da verdade como experiencia (*Erfahrung*). Ao contrario da concepción moderna da verdade como adecuación entre pensamento e realidade, Gadamer defende unha noción de verdade ligada á apertura, ao diálogo e á transformación. A experiencia da verdade non é algo que se posúa de forma definitiva, senón un proceso continuo de descubrimento e revisión.

Nesta perspectiva, a arte e a historia xogan un papel fundamental. A obra de arte, por exemplo, non é un obxecto fixo de análise, senón unha fonte de significados que se actualizan en cada interpretación. Do mesmo xeito, a historia non é un conxunto de feitos obxectivos, senón unha narrativa en constante revisión.

Como se ve, Gadamer rompe coa idea de que o coñecemento pode fundarse nunha base absolutamente segura e universal. A súa hermenéutica propón unha visión dinámica e aberta do coñecemento, onde a verdade se constrúe a través do diálogo, a interpretación e a fusión de horizontes.

Un segundo representante da hermenéutica é Paul Ricoeur (1913–2005), amplamente recoñecido como un dos principais representantes da filosofía contemporánea. A súa obra formula unha combinación entre tradición e innovación a partir do diálogo entre filosofía reflexiva e hermenéutica, poñendo de relevo a interpretación como guía fundamental a través da cal poder comprender a existencia humana.

Ricoeur parte nas súas formulacións do concepto de «filosofía reflexiva», na que se manifesta un cambio importante respecto á tradición filosófica moderna. Cando Ricoeur fala de reflexión non está a pensar nunha intuición directa e inmediata do «eu», como facían Descartes e o resto de racionalistas. De feito, Ricoeur non concorda con esa visión, xa que afirma que o «eu» non é algo ao que se poda acceder de xeito inmediato, senón que se revela, en todo caso, a través das súas obxectivacións, isto é, das súas obras, actos e producións simbólicas.

Neste sentido, o «eu» non se atopa illado nunha interioridade pura, senón que vive disperso nas súas manifestacións. Por iso, a tarefa da filosofía é aprehender o «eu» no «espello dos obxectos», interpretando as expresións simbólicas e culturais nas que se proxecta. Por iso Ricoeur afirma que «a reflexión é o esforzo por aprehender o Eu do *Ego cogito* a través das súas obras».

Este enfoque diferencia a Ricoeur doutras aproximacións filosóficas que se fixeron a partir do *cogito* cartesiano. Para Descartes, como é sabido, o «eu» é algo do que se pode ter certeza inmediata, pero para Ricoeur non é senón unha realidade mediada que, en todo caso, só pode tentar ser comprendida a través da interpretación. Por iso, na súa visión, falar de filosofía reflexiva leva consigo facerse cargo dunha hermenéutica ou filosofía da interpretación.

Unha das características máis afamadas da visión de Ricoeur é a afirmación de que existe un conflito interpretativo, en canto ao modo de facerse cargo desta situación. Para Ricoeur, hai distintas formas de interpretar o mundo ou as experiencias humanas. Por iso, a hermenéutica leva no seu interior a distinción entre dous enfoques.

Por unha banda, está a que Ricoeur chama «hermenéutica da sospeita», que asocia a interpretación cun exercicio crítico cuxo obxectivo fundamental é desenmascarar as ilusións, distorsións e falsidades que encobren a realidade. Representantes paradigmáticos deste enfoque son, por exemplo, Marx, Nietzsche e Freud, considerados por Ricoeur como «mestres da sospeita». A súa obra, neste sentido, trata de revelar todos os mecanismos que distorsionan a nosa visión e comprensión da realidade, sexan estes ideolóxicos, inconscientes ou simbólicos.

Por outra banda, está a «hermenéutica da restauración do sentido». Para Ricoeur é decisivo non quedarse no enfoque anterior. Poñer de relevo o que distorsiona a nosa interpretación sen tentar recuperar os sentidos ocultos baixo esa deformación, é unha tentativa incompleta e insatisfactoria. Débese, pola contra, facer un esforzo por recuperar o sentido oculto tanto nos símbolos, como nos mitos ou calquera tipo de texto. Deste xeito, o obxectivo é tentar reconstruír o significado profundo da linguaxe humana para acceder ao fundamental.

Non obstante, a proposta de Ricoeur tampouco é quedarse neste segundo enfoque, senón superar o conflito entre ambas hermenéuticas, propoñendo para iso unha dialéctica que sexa quen de integrar a sospeita e a confianza. A sospeita resulta necesaria para evitar interpretacións ilusorias ou dogmáticas, mentres que a confianza permite restaurar e recoñecer o sentido positivo e revelador dos símbolos e textos interpretados. A hermenéutica, deste modo, convértese nunha arte de interpretar que combina desvelamento e recuperación.

Por iso, para Ricoeur outra análise importante a facer é a dos símbolos, en tanto estes poden ser medios para acceder ao sentido esencial dun texto. Os símbolos son expresións cunha forte carga significativa, que ademais do significado explícito, contan con outro implícito ou latente, que hai que tentar desvelar. Por iso, o estudo simbólico require unha lectura profunda que faga emerxer o que permanece oculto, indo alén das aparencias.

Na mesma liña que Gadamer, Ricoeur está convencido de que todo texto ten certa autonomía con respecto ao autor do mesmo ou ao lector que a el se enfronta Por iso a aproximación baseada nas intencións que un autor tiña á hora de escribir un texto carece de profundidade e peca de inxenuidade. Para Ricoeur o sentido do texto constrúese mediante o diálogo entre o lector e o texto, nun proceso que require unha apertura á alteridade e á multiplicidade de interpretacións posibles, tarefa de todo hermeneuta.

No camiño desa tarefa cristaliza a propia identidade persoal do hermeneuta. Pois o proceso de construción da identidade é narrativo, empregando unha serie de relatos que o que fan é dotar de sentido á experiencia humana. Así, a relación dos seres humanos coa súa identidade é sempre a través dos relatos, de narracións nas que se contan historias que serven para integrar o pasado, co presente e o futuro de modo coherente.

Por iso a hermenéutica de Ricoeur postula a importancia da historicidade, pois non hai unha identidade fixa e estable, senón algo que se transforma continuamente en función dos relatos aos que accede. De todas formas, este concepto de «identidade narrativa» non é desarraigo nin fragmentación, porque finalmente permite que o «eu» se recoñeza a si mesmo ao longo do tempo, a partir de ter acceso ás súas obxectivacións.

Vemos como a visión de Ricoeur concibe a hermenéutica como unha ferramenta crucial á hora de comprender o ser humano en toda a súa complexidade. Integra un enfoque de sospeita con outro de confianza, procura desvelar e restaurar o sentido oculto baixo distorsións, e para iso se apoia nos textos simbólicos e nos relatos que foron construíndo non só a nosa identidade, senón tamén o coñecemento.

A obra de Ricoeur sitúase nun punto intermedio entre crítica e reconstrución, manténdose nun equilibrio que procura non caer nin en escepticismos radicais nin na procura inxenua de fundamentos absolutos. Neste sentido, a hermenéutica de Ricoeur conecta directamente coas preocupacións propias da posmodernidade, mais mantén asemade un compromiso coa procura da verdade.

Nunha vía diferente atópase a obra de Gianni Vattimo (1936–2023), un dos autores máis destacados na articulación entre hermenéutica e posmodernidade, quen ofrece unha visión introdutoria á problemática posmoderna sen perder de vista a tradición na que se insire, que é a hermenéutica. En dúas das súas obras, *As aventuras da diferenza* e *A sociedade transparente*, Vattimo relaciona a relación da hermenéutica co nihilismo, e tamén coas transformacións culturais e sociais que se viven na época contemporánea.

Vattimo parte da influencia de Nietzsche, Heidegger e Gadamer, pero propón respecto a eles que a hermenéutica debe asumir con todas as consecuencias o nihilismo como a súa condición esencial. Para el, a modernidade caracterizouse pola crenza nunha verdade absoluta, nunha realidade obxectiva e nun fundamento último para o coñecemento e a existencia. Con todo, a posmodernidade abre unha etapa na que esas certezas desaparecen, dando lugar ao que Vattimo denomina unha «ontoloxía do declinar».

Esta ontoloxía do declinar refírese a un ser que xa non se presenta como presenza plena ou fundamento último, senón como algo que se dispersa, que se debilita e se abre á interpretación. O ser, segundo Vattimo, aparece agora como un eco, como algo en retirada, pero iso non implica que non podamos facernos cargo del. Mais si é imprescindible mudar o enfoque e as pretensións coas que o facemos. A actitude hermenéutica, precisamente, permite renunciar á procura de verdades absolutas e asumir, en cambio, que todo coñecemento é unha interpretación condicionada historicamente.

Nunha das súas obras máis coñecidas, *A sociedade transparente*, Vattimo analiza o impacto dos medios de comunicación na era posmoderna. A sociedade contemporánea, a través da multiplicación de mensaxes e interpretacións, non aspira a unha verdade universal, senón en todo caso a unha realidade fragmentada, caótica, froito do proceso de comunicación masiva que superpón puntos de vista incompatibles. O resultado é a desaparición dos grandes relatos que sustentaban as pretensións da modernidade, como ideal universal.

Vattimo postula que esta desaparición dá lugar ao «fin da historia», pero a expresión non se refire a que deixe de haber acontecementos, senón que xa non hai ningún resto de teleoloxía, de orientación dos acontecementos cara unha meta ou fin superior, que era o principio que guiaba as reflexións dos antigos e parte dos modernos. Se aínda hai unha historia, esta non se dirixe ordenadamente a ningures. O que queda é un pluralismo de voces, que como máximo permite unha tentativa de diálogo constante no que a verdade non sería máis que unha construción provisional e negociada.

A noción de «pensamento débil» *(pensiero debole)* é unha das contribucións máis coñecidas de Vattimo. Trátase dunha filosofía que renuncia ás pretensións metafísicas tradicionais, baseadas na correspondencia, a certeza ou a forza. O *debolismo* non busca fundamentos sólidos de ningún tipo, senón que acepta de bo grao a fraxilidade e o carácter provisional do coñecemento humano.

Mais para Vattimo esta renuncia ao fundamentos tradicionais non é algo negativo, non é algo que deba considerarse unha perda, senón, ao contrario, é unha oportunidade para que exista unha apertura maior cara ao diálogo e á pluralidade de voces. A hermenéutica da que Vattimo fai gala se converte así nun proceso de conversa interminable, en liña neste sentido tanto con Gadamer como con Ricoeur, pois o seu obxectivo non é chegar a unha verdade última, senón asumir a multiplicidade de perspectivas como algo positivo.

Neste sentido, Vattimo non trata de romper radicalmente co pasado, pois a reinterpretación dos textos tradicionais segue a ser importante. Pero esta tarefa debe manterse nos lindes dunha conversa crítica que busque a resignificación das ideas filosóficas propias das distintas tradicións en base ás novas condicións históricas.

Vemos, pois, como a actitude de Vattimo procura evitar tanto o dogmatismo como o relativismo extremo. Como todo hermeneuta, a aposta pola interpretación como forma de diálogo permanente mantén unha orientación clara para non deixarse reducir e subsumir pola ausencia de fundamentos fixos.

En resumo, Vattimo presenta unha versión da hermenéutica acorde coa sociedade posmoderna, que asume o declive dos grandes relatos e a disolución das certezas metafísicas como unha oportunidade para repensar a filosofía. O *debolismo* abandona toda busca de verdades universais, e asume a interpretación parcial e provisional como a forma última e contemporánea do coñecemento. A partir desta perspectiva, a posmodernidade non é vista como unha crise ou unha perda, senón como unha apertura cara á pluralidade e á diversidade, na que o diálogo se converte na tarefa fundamental do pensamento filosófico.

Pola súa parte, Jean-François Lyotard (1924–1998) considérase un dos introdutores fundamentais da etiqueta «posmodernidade», cando menos no ámbito filosófico, a partir da súa obra *A condición posmoderna* (1979), cuxa innovación foi propoñer como característica fundamental da era contemporánea a crise dos grandes relatos ou *metarrelatos*. Estes relatos, propios da modernidade, eran finalmente os que lexitimaban as achegas modernas para comprender o mundo e para xustificar tanto o saber filosófico e científico como os valores morais predominantes e o progreso da sociedade.

Segundo Lyotard, os metarrelatos da modernidade baseábanse na confianza na razón, na ciencia e na procura de emancipación. Tales eran os principios que podían garantir a verdade e o progreso da humanidade. Os metarrelatos, segundo Lyotard, déronse ao longo da historia, cada un deles en consonancia coas condicións de cada época. Varios exemplos que Lyotard cita inclúen á Ilustración —coa súa fe no progreso racional—, o marxismo —coa súa narración sobre a emancipación da clase traballadora— e o cristianismo —coa súa promesa de salvación universal—. Con todo, a posmodernidade caracterízase pola perda de credibilidade destes relatos totalizadores.

Para Lyotard, esta crise desencadea un cambio fundamental no coñecemento e na concepción de verdade. Esta deixa de ser unha unidade absoluta, obxectiva, para converterse nunha pluralidade de perspectivas. A consecuencia é que a realidade xa non se concibe como algo homoxéneo e estable, senón como un mosaico de pequenas narrativas que conviven en tensión. Cada grupo, cultura ou identidade ten a súa propia versión do mundo, que é ademais innegociable, por resultar imposible e impensable asumir con todas as consecuencias as dos demais. Como resultado, o sentido fragméntase inevitablemente en distintas illas.

Un concepto clave en Lyotard é o de *diferendo*, que describe a imposibilidade de resolver conflitos cando as partes implicadas non comparten o mesmo sistema de referencias ou linguaxe. Por exemplo, un conflito entre unha cultura indíxena e unha empresa multinacional pode ser irresoluble se non comparten os mesmos valores sobre propiedade ou desenvolvemento. Neste sentido, o *diferendo* subliña a dificultade de establecer consensos universais na era posmoderna.

Lyotard critica a pretensión moderna de alcanzar un acordo racional sobre a verdade. Para el, tal consenso supón impoñer unha linguaxe dominante e suprimir a diversidade de voces. En lugar diso, defende unha ética baseada no respecto á diferenza e á apertura ao diálogo, sen a necesidade de chegar a unha resolución definitiva.

Outro pensador central no contexto da posmodernidade é Jean Baudrillard (1929–2007), cuxas teorías sobre o simulacro e o hiperreal aportan conceptos para facerse cargo do feito da disolución de fronteiras entre o que se considera real e o que é representado na cultura contemporánea. Na súa obra *Cultura e simulacro* (1978) Baudrillard sostén que vivimos nunha era de simulacros, na que as imaxes e representacións substitúen a propia realidade.

Para Baudrillard, o simulacro non é simplemente unha copia da realidade, sentido clásico do concepto platónico, senón unha representación que perde a súa referencia orixinal e se converte en algo independente. Por exemplo, os parques temáticos como Disneylandia non reproducen a realidade, senón que crean unha versión idealizada e artificial dela. Esta realidade simulada, que parece máis real que a propia realidade, é o que Baudrillard chama *hiperreal*.

No mundo hiperreal, as distincións entre o verdadeiro e o falso, o real e o ficticio, disólvense. Os medios de comunicación xogan un papel central neste proceso ao producir imaxes e narrativas que non reflicten a realidade, senón que a crean. As noticias televisivas, os *reality shows* e as redes sociais producen unha percepción do mundo filtrada por imaxes editadas e dramatizadas, provocando que os espectadores experimenten unha concepción de algo que semella real pero que está desconectado dos feitos empíricos.

Baudrillard describe esta situación como un estado de alienación posmoderna no que os individuos se senten afastados da realidade. Xa non son suxeitos activos, senón espectadores pasivos atrapados nun fluxo constante de información e imaxes. O resultado é unha crise de identidade, onde o mundo parece unha simulación sen fundamento nin referencia, que non fai posible pensar en que ten un sentido oculto que hai desvelar.

As teorías de Lyotard e Baudrillard comparten a idea de que a posmodernidade representa un punto de ruptura, cando menos, respecto á busca e asunción das certezas da modernidade. Lyotard afirma que o saber está fragmentado sen posibilidade de recomposición, e que os consensos universais son imposibles, ao ser incomprensibles e impensables para as distintas partes en liza. Pola súa parte, Baudrillard afirma que a relación do individuo coa realidade mudou de tal forma que xa non ten un contacto directo baseado nos feitos empíricos, senón que a relación co mundo é mediado pola produción dos medios de comunicación, que non dan lugar ao real, senón a algo máis alá dos feitos, o hiperreal.

Agora ben, ambos autores coinciden en que a posmodernidade non debe ser vista como unha crise negativa, senón a posición realista na que nos debemos situar se non queremos aspirar a manter vivos conceptos que xa non son válidos, e que non levan a ningures. Defenden unha filosofía plural, aberta á diferenza e as distintas interpretacións, e abandonan a procura de fundamentos universais e verdades absolutas.

Deste modo, a hermenéutica e a posmodernidade empregan novas ferramentas para comprender un mundo en constante cambio, onde o sentido se constrúe de forma provisional, recoñecendo a diversidade de perspectivas e experiencias humanas.

A crítica posmoderna á verdade como noción estable e universal pon en cuestión os fundamentos tradicionais do coñecemento, confrontando a idea de que o saber poida representar fielmente unha realidade obxectiva. Neste sentido, a reflexión sobre a verdade volve ocupar un papel central na filosofía contemporánea. Fronte ao escepticismo posmoderno, xorden diversas perspectivas que analizan como se constrúe e valida a verdade. Desde as ciencias formais e empíricas ata as propostas pragmáticas e perspectivistas, a pregunta pola verdade continúa sendo un tema importante para entender a nosa relación co mundo e co coñecemento.

O seguinte capítulo afondará nestas cuestións, explorando os tipos de verdade e as diferentes concepcións que se foron desenvolvendo ao longo da historia da filosofía. Ao mesmo tempo, analizaranse as tensións entre certeza e opinión, entre a busca de fundamentos e a aceptación da pluralidade de puntos de vista, configurando así un panorama complexo pero imprescindible para o pensamento contemporáneo.

Verdade, verdades e opinións

A pregunta pola verdade percorre toda a historia da filosofía, pero adquire unha especial relevancia na modernidade, cando a relación entre ser e coñecemento comeza a ser cuestionada de xeito radical. O desenvolvemento da epistemoloxía moderna —desde Descartes ata Kant— centrouse na busca de fundamentos seguros e universais, pero a filosofía contemporánea puxo en evidencia os límites desta aspiración.

Na posmodernidade, a crise dos fundamentos e o cuestionamento das verdades absolutas abriron o debate cara a perspectivas máis pluralistas e interpretativas. Este capítulo analiza como se configurou historicamente a noción de verdade, distinguindo entre os seus diferentes tipos e abordando as principais concepcións filosóficas ao respecto.

En canto aos tipos de verdade, podemos afirmar que o coñecemento humano pode ser de dous tipos, segundo apunte ao coñecemento empírico ou ao coñecemento lóxico ou matemático. Hume distinguía así entre «relacións entre ideas» e «cuestións de feito», que como xa vimos, se emparentaban respectivamente coa distinción leibniziana entre «verdades de razón» e «verdades de feito». Ambas amosan a verdade, pero fano de moi diferente modo e a súa sorte a longo da historia foi moi distinta.

En canto ao coñecemento matemático, pódese afirmar que desde a sistematización efectuada por Euclides, as matemáticas tiveron un desenvolvemento continuo. Ningún científico ou filósofo cuestionou a súa verdade. Desde Platón a Kant, pasando por empiristas e racionalistas, todos consideraron que o razoamento matemático gozaba dunha certeza difícil de alcanzar por outro tipo de coñecemento. Hai que esperar a finais do século XIX para atopar verdadeiros paradoxos nos sistemas formais.

Coas ciencias empíricas pasou todo o contrario: a súa verdade e o seu método foron amplamente cuestionados por filósofos e mesmo científicos. Vimos como Hume, que tentou fundamentar a ciencia desde estritos principios empiristas, concluíu cun escepticismo radical.

Pero que queremos dicir cando falamos de verdade formal e de verdade empírica?

Cando falamos de verdades formais, «verdades de razón» ou «relacións entre ideas», referímonos a un tipo de verdade que non nos informa da realidade. Este tipo de verdade obtense mediante o método dedutivo que, como vimos, limítase a garantir a verdade formal do razoamento por canto establece unha conexión necesaria entre as premisas e a conclusión que se obtén a partir daquelas.

Que esta verdade sexa formal non impediu que, ao longo da historia, diferentes filósofos, matemáticos e científicos, defendesen o carácter real das matemáticas, a súa correspondencia coa realidade. A cuestión é que a súa validez non procede da experiencia, senón do razoamento dedutivo mesmo.

Pola contra, a verdade empírica refírese a feitos empíricos. Os xuízos que nos informan deste tipo de verdade, que historicamente utilizou o método indutivo, define a experiencia como o seu verdadeiro límite e criterio de verdade. A principal controversia acerca da verdade vira ao redor deste tipo de verdade, á cuestión da correspondencia entre a realidade e o que os xuízos empíricos nos din.

| Verdade nas matemáticas

As matemáticas foron historicamente consideradas un modelo de certeza e verdade. Desde a antigüidade, filósofos como Platón identificaron as matemáticas cunha realidade inmutable e ideal, argumentando que os seus obxectos son entidades abstractas accesibles só á razón. Este enfoque mantívose ao longo do tempo, reforzado pola sistematización de Euclides, cuxos postulados e demostracións constituíron durante séculos a base dun sistema lóxico-dedutivo impecable.

A verdade matemática defínese como formal, xa que depende exclusivamente das regras da lóxica e da coherencia interna dun sistema. Os enunciados matemáticos son verdadeiros na medida en que as súas conclusións derivan necesariamente das premisas iniciais segundo as regras do razoamento dedutivo.

Dentro da filosofía das matemáticas, existen dúas grandes perspectivas sobre a natureza da verdade matemática. Unha delas é o realismo (ou platonismo), que considera que os obxectos matemáticos existen independentemente da mente humana, nun mundo abstracto accesible só á razón. Esta postura foi defendida por Platón e posteriormente por Gödel. Segundo esta visión, as matemáticas descobren verdades preexistentes. Outra perspectiva ofrécea o formalismo, que concibe as matemáticas como un sistema de símbolos sen referencia a obxectos reais. Para os formalistas, como Hilbert, as matemáticas son simplemente unha linguaxe formal que opera segundo regras lóxicas. A súa validez reside na coherencia interna do sistema, non na correspondencia cunha realidade externa. Este debate entre realismo e formalismo reflicte a tensión entre ver as matemáticas como unha ciencia descuberta ou como unha creación humana, destacando diferentes modos de entender a súa verdade.

En todo caso, como diciamos, a obra máis influínte no desenvolvemento histórico da concepción de verdade nas matemáticas foi os *Elementos* de Euclides, escrita arredor do século III a. C., pois representa un compendio sistemático do coñecemento matemático da antigüidade. En trece libros, expón os principios fundamentais da xeometría seguindo un enfoque dedutivo. Este método baséase na formulación de axiomas, postulados e definicións, a partir dos cales se deducen teoremas e solucións a problemas.

Entre os postulados de Euclides destaca o chamado *postulado das paralelas*, formulado como: «Por un punto exterior a unha recta non se pode trazar máis que unha paralela a esta». Este postulado resultou problemático desde os tempos antigos. Moitos matemáticos consideraban que debía poder deducirse dos outros catro postulados, sen necesidade de ser asumido como premisa independente. Durante séculos, realizáronse intentos de demostrar o quinto postulado como teorema, pero todos fracasaron.

Euclides mesmo parece recoñecer a singularidade deste postulado, ao evitar usalo na maior parte das súas demostracións, empregándoo só cando era estritamente necesario. Esta situación xerou dúbidas sobre a súa independencia lóxica e abriu o camiño para reconsideracións fundamentais.

O cuestionamento do quinto postulado levou á exploración de xeometrías alternativas mediante a súa negación. Xurdiron dúas propostas principais, xa no s. XIX: a xeometría elíptica, que afirmaba que por un punto exterior a unha recta non se pode trazar ningunha paralela á dada; e a xeometría hiperbólica, para a que por un punto exterior a unha recta se poden trazar máis dunha recta paralela á dada.

A xeometría hiperbólica foi formulada independentemente por Nikolai Lobachevsky (1792–1856) e Janos Bolyai (1802–1860) a comezos do século XIX. Este modelo supón que a suma dos ángulos dun triángulo é menor de 180°, desafiando así a intuición xeométrica baseada na experiencia espacial.

As súas principais características pódense resumir nas tres seguintes: Existen infinitas paralelas a unha recta que pasan por un punto exterior; as rectas diverxen en lugar de manter unha distancia constante; e a medida angular dos triángulos depende da curvatura do espazo.

Inicialmente considerada unha simple curiosidade matemática, a xeometría hiperbólica foi gradualmente aceptada grazas ao traballo de Poincaré, quen demostrou a súa consistencia e relevancia matemática. Máis tarde, xogou un papel esencial no desenvolvemento da teoría da relatividade.

A xeometría elíptica, pola súa banda, formulada por Bernhard Riemann (1826–1866), presenta unha estrutura na que non existen paralelas. O modelo toma como base a superficie dunha esfera, na que as xeodésicas (círculos máximos) actúan como «rectas». Neste espazo, a suma dos ángulos dun triángulo é maior de 180°, non existen rectas paralelas, pois todas as xeodésicas eventualmente se intersecan, e finalmente, as liñas estendidas non son infinitas, senón pechadas.

Esta xeometría aplicouse de modo especialmente relevante na teoría da relatividade especial e xeral de Einstein, para describir a curvatura do espazo-tempo, e na análise de fenómenos ópticos e propagación de ondas, onde a curvatura do espazo desempeña un papel fundamental.

As xeometrías non-euclidianas supuxeron unha revolución na concepción do espazo e a realidade. Ata entón, a xeometría euclidiana era vista como unha descrición exacta do mundo físico. Porén, as novas xeometrías demostraron que a verdade matemática podía ser relativa ao sistema de axiomas adoptado, en lugar de ser absoluta e universal.

Este cambio tivo importantes implicacións filosóficas. En primeiro lugar, o relativismo epistemolóxico alcanzou á matemática, pois a partir delas considerouse que os modelos matemáticos eran construcións formais e non descricións directas da realidade física. En segundo lugar, a existencia de múltiples xeometrías válidas e consistentes levou á aceptación da diversidade de paradigmas en ciencia e filosofía.

No tocante á física, a introdución destas novas xeometrías permitiu o desenvolvemento da teoría da relatividade de Einstein, na que o espazo-tempo é descrito mediante un modelo xeométrico non-euclidiano, alterando para sempre a nosa comprensión do universo.

A aparición das xeometrías non-euclidianas, por tanto, marcou un cambio fundamental na historia das matemáticas e da ciencia. O cuestionamento do quinto postulado de Euclides abriu novas posibilidades conceptuais, rompendo coa idea dunha única xeometría válida.

A xeometría hiperbólica e a elíptica non só demostraron ser internamente consistentes, senón que atoparon aplicacións prácticas en ámbitos como a relatividade e a óptica. Estas contribucións consolidaron a visión moderna das matemáticas como sistemas formais cuxa verdade depende dos axiomas escollidos, transformando a percepción do coñecemento e da realidade.

Verdade nas ciencias empíricas

A verdade nas ciencias empíricas adopta unha perspectiva diferente, xa que está fundamentada na observación e na experiencia. Mentres as matemáticas descansan nun método dedutivo, as ciencias empíricas empregan principalmente o método indutivo e a experimentación como fontes de coñecemento.

Tradicionalmente, considerouse que as teorías eran creadas para tentar dar resposta explicativa a un problema, e precisaban poder ser contrastadas para comprobar se efectivamente se correspondían con aquilo que pretendían explicar. De feito o método hipotético-dedutivo é o que expón: se unha hipótese non é contrastada se refuta, pero se o é corrobórase, é dicir, confírmase —cando menos provisionalmente— e convértese en lei.

Mais o método hipotético-dedutivo expón numerosas dificultades, especialmente respecto a como poder corroborar unha teoría, xa que, como a contrastación é a posta a proba dunha hipótese, confrontándoa cos feitos, en realidade, dado que as hipóteses son enunciados universais, non é posible atopar no mundo nada que se corresponda con elas. Por iso hai que deducir (da hipótese) feitos observables e comprobar, logo, que efectivamente se dan en realidade.

Asumindo isto, os filósofos neopositivistas do Círculo de Viena propuxeron como forma de contrastación a *verificación*: unha hipótese considérase «verdadeira» se os feitos observados no mundo están de acordo cos feitos deducidos da hipótese. O problema é que non é posible realizar unha verificación concluínte, é dicir, completa dun enunciado universal, como moito poderá confirmarse parcialmente. En todo caso, un dos obxectivos a seguir desde esta perspectiva sería ir verificando hipóteses que vaian construíndo unha historia do coñecemento científico e que este vaia progresando cada vez cara a cotas máis altas.

En relación con iso, e respecto a esta idea do progreso científico, a chamada *concepción herdada* da ciencia entende o progreso da seguinte maneira: a ciencia establece teorías que, se chegan a alcanzar un grao alto de confirmación, acéptanse e continúan sendo aceptadas relativamente libres de perigo de disconfirmación posterior. O desenvolvemento da ciencia consiste na extensión de tales teorías a dominios máis amplos e na incorporación de teorías confirmadas a teorías máis comprehensivas. A historia da ciencia é, así, un proceso acumulativo que amplía e incrementa os éxitos antigos con éxitos novos. Unha vez aceptadas, as teorías antigas xa non se rexeitan ou abandonan nunca. O progreso científico é lineal e acumulativo, xa que existe propiamente só unha única visión científica no mundo, cuns coñecementos que aumentan continuamente a través da verificación e refutación de hipóteses. As vellas teorías, unha vez aceptadas, non se abandonan, simplemente ceden o seu lugar a outras teorías máis amplas, as cales comprenden ou absorben as anteriores.

As deficiencias da verificación conduciron a Karl Popper (1902–1994) a suxerir outra forma de contrastación, a *falsación*: unha hipótese pode ser admitida (provisionalmente) só mentres non resulte refutada polos feitos. Por tanto, na falsación xa non se trata de buscar feitos que estean de acordo coas consecuencias da hipótese, senón feitos que estean en oposición coas mesmas. O valor científico dunha hipótese radica na súa resistencia á refutación. Unha teoría é científica se pode ser falsada por medio da experiencia (teorías empíricas) ou por medio da súa contrariedade interna (teorías lóxicas e matemáticas). O título dunha das obras de Popper, *Conxecturas e refutacións*, indica como este concibe o método científico: inventar hipóteses («conxecturas») o máis audaces posibles —xa que son as que fan avanzar realmente a ciencia— e facer todo o posible por refutalas.

Para Popper non é un bo sinal que un científico se esforce por demostrar que as súas hipóteses se confirman sempre. Ao contrario, debe arriscarse a que resulten falsas. Unha teoría da que non poida concibirse a súa refutación non é científica. Popper sinala ademais que, desde o punto de vista lóxico, a falsación é correcta, pero non a verificación, pois un enunciado universal nunca é deducible a partir dos enunciados particulares, por moitos que estes sexan, pero en cambio, un enunciado singular si pode contradicir un enunciado universal e, por tanto, refutalo —é o que se chama en lóxica *modus tollens*—.

Mentres os neopositivistas son optimistas en relación coa posibilidade de alcanzar un coñecemento certo e definitivo —os enunciados verificados son enunciados certos—, Popper caracterízase por un certo escepticismo: aínda que os enunciados falsados son incuestionablemente falsos, os enunciados non falsados é posible que sexan verdadeiros, pero nunca o saberemos con certeza. Non hai adquisicións científicas definitivas, senón sempre provisionais, é dicir, provisionalmente aceptadas na medida en que non foron falsadas ata o momento. Se hai progreso na ciencia non é por acumulación de coñecementos, senón polo feito de que as novas teorías permiten explicar mellor un maior número de problemas. As novas teorías son máis verosímiles que as antigas, están máis preto da verdade, que se considera como o límite inalcanzable dunha investigación nunca terminada.

A partir dos anos 60, outros autores opóñense decididamente á tese acumulativa mantida polo neopositivismo. O suposto xeral destes autores é que toda nova teoría sobre o desenvolvemento da ciencia ha de ter en conta as condicións históricas reais en que se produce. Así mesmo, asumen que o progreso non implica un desenvolvemento da ciencia lineal e acumulativo, senón que debe ser o resultado da crítica de teorías levadas a cabo no seo da comunidade científica e no medio da competencia mutua entre teorías.

Segundo Thomas S. Kuhn (1922–1996), de feito, o avance da ciencia prodúcese pola alternancia sucesiva de períodos de ciencia normal e períodos de revolucións, que supoñen o que el denomina un cambio de *paradigma*. O primeiro é un período conservador, durante o cal se produce unha acumulación de coñecementos; o segundo, un período revolucionario e de ruptura, de cambio de paradigma e de introdución e admisión de novas teorías que substitúen en todo ou en parte ás antigas. O progreso, pois, non pode ser lineal, senón segundo rupturas revolucionarias e cambios de paradigma que non poden supoñer un aumento acumulativo, porque os paradigmas son inconmensurables comparados uns con outros. Non cabe falar de progreso no sentido de achegamento continuo cara á verdade. Hai progreso no sentido de afastamento do punto de partida, pero nada máis.

Fronte a Popper, Kuhn sostén que feitos contraditorios cunha determinada teoría non comportan a súa refutación nin a súa falsación efectiva. Unha simple anomalía nunca derruba un paradigma vixente. Os científicos inventan numerosas articulacións e modificacións *ad hoc* da súa teoría para eliminar calquera conflito aparente. O paradigma non poderá ser rexeitado mentres non xurda outro rival.

Unha teoría non é deixada de lado por refutación empírica ou por algún experimento crucial, senón unicamente cando fronte a ela xorde un novo paradigma que está en condicións de substituíla. Popper privilexiaba excesivamente os momentos de cambio e de revolución científica á hora de insistir no talante crítico e refutador propio dos científicos. A historia da ciencia mostra que os científicos xamais consideraron as súas teorías como conxecturas e moito menos tentaron falsalas experimentalmente.

Finalmente, Imre Lakatos (1922–1974), declarándose popperiano e enfrontándose en boa medida a algunhas das teses máis polémicas de Kuhn, outras con todo acéptaas de boa gana e expón unha tentativa de síntese de ambas concepcións, modificando algunhas das propostas de Popper, tendo en conta o exposto por Kuhn. Por exemplo, da mesma forma que poderiamos dicir que a noción de paradigma de Kuhn representa unha ampliación do concepto de teoría científica, o concepto máis coñecido de Lakatos, o chamado *programa de investigación* representaría unha ampliación da noción de paradigma que o que tentaría sería conciliar a acumulación e a refutación de teorías.

Os programas de investigación son cadeas de teorías, intimamente relacionadas entre si da seguinte maneira: un *centro firme*, ou núcleo común —que sería o conxunto de enunciados básicos que definen o programa e que se mantén inmodificado en cada unha das teorías da cadea—, e un *cinto protector* —os enunciados que poden cambiar dunha teoría a outra dentro dun mesmo programa—. Supoñamos, por exemplo, que unha teoría pretende explicar certos fenómenos físicos. Se nos atopamos ante un feito que contradí as consecuencias da teoría, esta haberá que rexeitala. Ata aquí Popper ten toda a razón. Agora ben, rexeitala non significa rexeitar todos e cada un dos enunciados da teoría, senón algúns deles, aqueles que se consideran responsables do desastre da mesma.

Para saber a que enunciados hai que renunciar, os programas de investigación contan cunha *heurística negativa* —a prohibición de eliminar ou modificar o centro firme do programa— e cunha *heurística positiva* —serie de indicacións acerca de que enunciados son os primeiros que hai que sacrificar, que problemas deben resolverse en primeiro lugar e en que sentido deberá irse desenvolvendo o programa—. É dicir, non nos di soamente que debemos cambiar, senón tamén en que dirección deberán producirse os cambios. Por iso, pensa Lakatos, tanto Kuhn como Popper teñen parte de razón no que se refire aos contraexemplos: segundo Kuhn, ningún contraexemplo é suficiente para acabar cun paradigma posto que todos os paradigmas padecen de contraexemplos. E así é se por «paradigma» entendemos «o núcleo do programa»; segundo Popper, a aparición dun contraexemplo (falsación) debe supoñer o rexeitamento da teoría. E así é se por «teoría» entendemos as hipóteses pertencentes ao cinto protector.

Para Lakatos, de feito, «as teorías máis admiradas non prohiben ningún acontecemento observable», xa que sempre hai outros factores que poden ter influencia sobre el: basta propoñer a correspondente hipótese *ad hoc*, segundo a cal ese terceiro factor fai fallar á teoría, para que esta quede preservada da refutación.

Isto conecta co debate ao redor do que se chamou *tese Duhem-Quine*, a cal sostén, segundo Quine, que se pode manter a verdade de calquera enunciado, suceda o que suceda, se realizamos axustes o bastante drásticos noutras partes do sistema. E ao contrario, polas mesmas razóns ningún enunciado é inmune á revisión. Os medios para iso son múltiples: pódese introducir un novo concepto, unha distinción, pódense modificar as definicións de certos termos, pódense propoñer hipóteses auxiliares, etc. Lakatos asume esta ampla variedade de recursos como aqueles que inflúen no cinto protector dunha teoría, co obxectivo de salvala, deixando inmune o seu centro firme.

Lakatos, ademais, distingue entre dous falsacionismos. Por unha banda, un *falsacionismo dogmático*, que atribúe a certos divulgadores da obra de Popper, segundo o cal a ciencia non pode probar hipóteses, só pode tentar refutalas. E por outra, un *falsacionismo metodolóxico*, do que distingue unha versión inxenua, atribuíble a Popper, e unha versión *refinada* ou *sofisticada*, a do propio Lakatos, que admite unha certa aceptabilidade ou unha certa verificabilidade das hipóteses.

Para o falsacionista inxenuo calquera teoría que poida interpretarse como falsable é «aceptable» ou «científica». Para o falsacionismo sofisticado, unha teoría é «aceptable» ou «científica» só se ten, en relación á súa predecesora (ou rival), o que Lakatos chama un «exceso de contido empírico corroborado». Isto significa que debe predicir feitos novos, improbables ou mesmo excluídos pola teoría anterior *(exceso de contido empírico)* e que unha parte dese contido novo resulte verificado, é dicir, *corroborado*. Para conseguilo calquera parte do conxunto da ciencia pode, efectivamente, ser modificada e substituída, pero coa condición de que devandito cambio supoña un progreso científico, é dicir, que conduza ao descubrimento de feitos novos.

Con iso Lakatos recolle a tentativa neopositivista da procura da verificación de teorías, a idea dunha acumulación de coñecemento, que era o procurado pola *concepción herdada*, e, por suposto, unha modificación do falsacionismo de Popper como método a seguir, tendo en conta as precisións de Kuhn respecto a que un paradigma non pode ser falsado por unha anomalía, cando menos mentres non exista un paradigma rival. Con todos estes elementos, Lakatos constrúe a súa teoría dos programas de investigación e o seu método do falsacionismo sofisticado para atopar un punto de unión de todas as teorías anteriores, sempre na procura do progreso científico.

Ao contrario das matemáticas, onde a verdade depende da consistencia interna, nas ciencias empíricas a verdade é provisional e está suxeita a revisión. Unha teoría é verdadeira mentres resista a falsación e se mostre útil para explicar fenómenos e facer predicións. Isto significa que a verdade científica é sempre hipotética e suxeita ao progreso da investigación.

A análise da verdade nas ciencias empíricas pon de manifesto a súa dimensión provisional e revisable, afastándose da idea de certezas absolutas. Esta perspectiva leva a preguntarnos se a verdade debe entenderse como unha simple correspondencia cos feitos observables ou se, pola contra, implica aspectos máis complexos, como a coherencia interna, a utilidade práctica ou a interpretación subxectiva. A filosofía ofrece diversas concepcións sobre a verdade que nos permiten afondar nestas cuestións e reflexionar sobre os seus fundamentos e límites. A continuación, examinaremos as principais teorías da verdade ao longo da historia do pensamento.

Concepcións da verdade

1. A verdade como adecuación ou correspondencia

Esta concepción, formulada por Aristóteles, sostén que a verdade consiste en afirmar que é o que é e que non é o que non é. Deste modo, unha proposición será verdadeira se describe correctamente a realidade. Esta perspectiva dominou ata a modernidade e foi empregada por autores como Descartes e Locke para xustificar a relación entre pensamento e mundo.

2. A verdade como desvelamento

Inspirada na idea socrática de que a verdade reside no ser, esta concepción foi revitalizada por Heidegger na súa análise do ser como desvelamento *(aletheia)*. A verdade non é unha simple correspondencia entre pensamento e realidade, senón o acto polo cal a realidade se manifesta ao ser humano. Esta perspectiva propón que a verdade emerxe no proceso de descubrimento, subliñando a conexión entre ser e tempo.

3. A verdade pragmática

Esta visión, defendida por Peirce e Dewey, avalía a verdade en termos de utilidade e eficacia. Segundo esta concepción, unha proposición é verdadeira se funciona na práctica e resolve problemas reais. Máis que un reflexo exacto da realidade, a verdade é unha ferramenta para a acción exitosa no mundo. Esta perspectiva conecta coa epistemoloxía empirista e coas críticas modernas á certeza absoluta.

4. A verdade como coherencia

Para autores como Descartes, Leibniz e Hegel, a verdade defínese pola consistencia lóxica dentro dun sistema de proposicións. Unha afirmación será verdadeira se encaixa harmoniosamente nun conxunto de ideas sen contradicións internas. Esta concepción, que se centra na estrutura racional do pensamento, desvíase da comprobación empírica e resalta a importancia da organización lóxica do saber.

5. A verdade como perspectiva

Defendida por Nietzsche, esta posición rexeita as verdades absolutas e propón que toda verdade depende da perspectiva e do contexto. A realidade está en constante cambio, polo que a verdade debe ser entendida como unha interpretación situada e provisional. Esta concepción conecta coas filosofías hermenéuticas e posmodernas, que destacan o papel da linguaxe e da historicidade na construción do significado.

6. A verdade como consenso

Esta concepción, asociada con Habermas, defende que a verdade é o resultado dun proceso comunicativo racional entre iguais. Nun diálogo libre e sen coaccións, as afirmacións poden ser validadas mediante o consenso. A verdade emerxe, pois, como un produto social e intersubxectivo, baseado na comunicación aberta e no respecto mutuo.

Concluíndo, as concepcións expostas ilustran a diversidade de enfoques filosóficos sobre a verdade, desde a clásica idea de correspondencia ata as perspectivas contemporáneas baseadas na interpretación e no consenso. Esta diversidade reflicte a complexidade do problema e a necesidade de integrar distintos modelos para abordar os retos do pensamento actual. A verdade, lonxe de ser unha realidade fixa, preséntase como un concepto multidimensional que evoluciona xunto coas nosas formas de comprender o mundo.

Opinións: Unha aproximación a modo de conclusión

O desenvolvemento anterior permitiunos explorar as distintas formas de verdade, entre elas a formal, propia das matemáticas, e a empírica, característica das ciencias naturais. Tamén analizamos diversas concepcións da verdade, desde a correspondencia ata o perspectivismo.

Fronte a estas concepcións, as opinións representan un modo alternativo de relación co coñecemento, afastado da necesidade de certeza e do rigor demostrativo, e propio da época posmoderna. Mentres que a verdade aspira á obxectividade e á universalidade, a opinión caracterízase pola súa subxectividade e provisionalidade.

A opinión é unha forma de saber parcial e aberta á revisión. Carece da estabilidade inherente ás verdades lóxicas ou científicas, pero, precisamente por iso, reflicte mellor a nosa experiencia cotiá. A opinión constrúese a partir de interpretacións e valoracións persoais ou colectivas.

Se ben as opinións poden parecer fráxiles comparadas coa certeza matemática ou co rigor empírico, non deixan de cumprir unha función importante, que é manterse aberto á pluralidade, a diferenza e a tolerancia. En sociedades democráticas, por exemplo, as opinións xogan un papel central na formación de consensos e decisións colectivas, demostrando a súa relevancia práctica.

Finalmente, as opinións poden ser vistas como unha ponte entre o descoñecemento e a verdade. Funcionan como hipóteses iniciais que, ao ser contrastadas e revisadas, poden transformarse en coñecementos máis sólidos ou mesmo en verdades aceptadas. Pola contra, tamén poden ser descartadas, mantendo así un proceso continuo de exploración e cuestionamento.

Se o problema da verdade nos levou a examinar as súas múltiples formulacións e concepcións, o estudo das opinións revela a flexibilidade e a apertura inherentes ao coñecemento humano. As opinións, lonxe de ser meros erros ou crenzas infundadas, actúan como puntos de partida para a indagación crítica, permitindo avanzar cara á verdade ou reformular os nosos marcos de comprensión.

Con todo, este proceso de exploración non está exento de límites. A posibilidade mesma de alcanzar unha verdade definitiva ou unha certeza absoluta vese cuestionada cando nos enfrontamos a realidades que desafían os métodos tradicionais do coñecemento racional. Estas tensións entre o saber e os seus límites abren o camiño a preguntas fundamentais sobre o irracional, a finitude humana e o misterio.

O capítulo seguinte abordará precisamente estas cuestións. Analizaremos ata onde pode chegar a razón, os límites que a constrinxen e os ámbitos onde a experiencia humana parece desbordar as capacidades do pensamento lóxico e sistemático.

Os límites do coñecemento e o problema do irracional

Como vimos ata o momento, o coñecemento humano trata de pensar a realidade, é dicir, tenta organizar racionalmente ou interpretar o que se considera real. Foi, por tanto, a razón humana a que permitiu tanto á filosofía como á ciencia construír sistemas explicativos que desvelasen a orde oculta do mundo e establecer principios universais. Con todo, o exercicio da razón tamén se enfronta a límites inherentes, obrigando ao pensamento a recoñecer a existencia de dimensións da realidade que escapan á análise conceptual e ao control racional.

Este límite non sempre implica un fracaso ou unha carencia, como diciamos co gallo da filosofía posmoderna. Quizais o que fai é sinalar a existencia de algo que excede as categorías lóxicas e os sistemas de pensamento, e que é fundamental recoñecer se un quere abrirse e dar lugar a un espazo no que o misterio e o inefable teñan cabida. Neste sentido, o problema do irracional non se opón necesariamente á razón, senón que representa aquilo que a reconfigura desde os seus límites, forzándoa a reconsiderar os seus propios fundamentos.

Neste capítulo exploraremos como a filosofía abordou esta tensión entre o racional e o irracional, analizando cuestións como a relación entre razón e fe, o carácter enigmático e inexplicable da experiencia relixiosa, e as propostas contemporáneas sobre o misterio como elemento constitutivo da existencia humana.

A cuestión dos límites da razón é un asunto propiamente moderno. Como vimos, é un tema que non aparece explicitamente ata Kant, que a pesar de considerar a razón fundamento de coñecemento, recoñeceu os seus límites. Na *Crítica da razón pura*, como vimos, Kant distingue entre fenómenos —aquilo que se manifesta e pode, por tanto, ser coñecido— e nóumenos —a realidade tal como é en si mesma, inaccesible á razón—. Esta distinción representou un punto de inflexión ao aceptar que existen dimensións da realidade que non poden ser coñecidas racionalmente.

A partir de Kant, a filosofía contemporánea reflexionou sobre os límites do coñecemento en relación co irracional. Vimos como Nietzsche cuestiona a capacidade da razón para comprender o real, defendendo a primacía da vida e das forzas irracionais como fundamentos da existencia. A partir dese enfoque, Heidegger propón retornar a unha visión que procura a revelación do ser alén dos procesos estritamente racionais, asumindo a necesidade dun acto de apertura existencial, propio do *Dasein*, para poder captalo. Esta posición lévao alén dos marcos lóxicos tradicionais.

Nun sentido semellante, Jacques Derrida (1930–2004) pon de manifesto que toda linguaxe e todo concepto filosófico ten límites inherentes, facendo imposible evitar espazos de indeterminación e aporías irresolubles. A deconstrución apóiase, entre outros, nos motivos de *différance*, pegada e resto. A primeira refírese ao diferir —o non estar nunca de todo presente—, como elemento constitutivo do existente, igual que a segunda, que sempre remite a outra, nun remitir continuo que non remata nunha orixe primordial. Segundo Derrida, na historia do pensamento occidental tense privilexiado unha concepción da racionalidade específica sobre outras concepcións posibles. Así, tense entendido que a razón só pode operar dun xeito lóxico, partindo duns principios, dunhas orixes ou fundamentos primeiros, e deducindo certas conclusións que se desprenden causal ou dedutivamente deles. Ademais, esta razón opera conforme a unha linguaxe que describe e representa obxectivamente o que acontece, xa que cada significante tería un sentido ou significado auténtico que o falante debe coñecer ou descubrir e do que depende que posúa unha imaxe correcta ou adecuada da realidade.

Derrida desconfía fundamentalmente desta perspectiva, e para desenvolver o seu traballo de deconstrución e liberar o pensamento da soberanía do logos, asume a imposibilidade de fixar significados definitivos, xa que o sentido sempre se pospón a través da cadea de signos. Por exemplo, na súa lectura de Platón en «A farmacia de Platón» —capítulo incluído no seu libro *La diseminación*—, Derrida mostra como conceptos fundamentais como a verdade e a escritura dependen de oposicións que acaban sendo inestables, revelando a presenza dos límites do pensamento tradicionalmente considerado como racional, dando lugar a dimensións de carácter *fantasmático*, que son consideradas parte constitutiva do pensamento. Dito doutro xeito, sempre quedan restos dos que un non se pode apropiar.

Pola súa parte, Emmanuel Lévinas (1906–1995) procura pensar filosoficamente a *alteridade* como aquilo que vai máis alá da razón, ao non deixarse subsumir baixo unha categoría imposta polo suxeito de coñecemento. Ao contrario, a posición de Lévinas esixe unha apertura ética cara ao descoñecido. A alteridade refírese ao outro como alteridade radical, como un ser que non pode ser reducido nin comprendido plenamente pola razón. O encontro co outro, pola contra, implica o recoñecemento de que sempre é o outro o que nos constitúe, e por iso temos con el unha responsabilidade ética ineludible. A presenza do outro, manifestada no seu rostro, obríganos a responder da súa situación de modo responsable. Que Lévinas empregue o termo *rostro* non é algo banal, pois suxire unha relación con aquilo que se presenta diante nosa, do que non podemos ser senón responsables. O rostro do outro revélase no rostro do próximo, ao tempo que o excede desde a súa alteridade radical. O compromiso ineludible con aquilo que se me presenta obriga a unha responsabilidade ética, sendo unha resposta á diferenza irredutible do outro. Este é un tema central na obra de Lévinas, desde o que se pode acceder ao seu afamado posicionamento de que a metafísica precede á ontoloxía.

De feito, debido a que o Outro non é un fenómeno senón unha *epifanía*, unha expresión que supera o poder da comprensión, a revelación da alteridade non pode ser fenoménica. Na súa obra *Totalidade e Infinito*, Lévinas argumenta que o rostro do outro é infinito e interpela ao «eu» a recoñecer a súa vulnerabilidade e dignidade. Así, a alteridade pon en cuestión os sistemas racionais e totalizadores, revelando a imposibilidade de clausurar a experiencia humana nun marco conceptual pechado.

Estas reflexións deixan entrever unha cuestión máis xeral. Pode o ser humano afrontar as dimensións da realidade que escapan á razón? Esta pregunta pon de relevo, entre outras posibilidades, o papel da fe e da experiencia relixiosa, ámbitos nos que o irracional adquire un significado central como vía para acceder a un sentido máis profundo da existencia.

Por exemplo, Blaise Pascal (1623–1662) representa unha visión crítica sobre os límites da razón e a necesidade da fe. Na súa obra *Pensamentos* afirma que a razón non é quen de responder en última instancia ás cuestións últimas sobre Deus e a eternidade. En consecuencia, propón a que desde ese momento se coñece co nome de «aposta de Pascal», e que pode sintetizarse como segue: xa que a existencia de Deus non pode ser probada racionalmente, é máis razoable vivir como se Deus existise, pois o posible beneficio de que exista supera con moito as consecuencias de que non exista.

Para Pascal, só a fe pode ofrecer sentido á existencia humana, e por iso o irracional non é un problema, senón unha dimensión que é crucial atravesar por medio da experiencia relixiosa para acceder ao sentido último das cousas.

Søren Kierkegaard (1813–1855) leva máis aló esta idea ao presentar a fe como un acto de liberdade radical e un salto ao irracional. Para Kierkegaard, a fe non é o resultado dun proceso racional, senón unha necesidade existencial coa que o ser humano responde ante o absurdo da vida e o problema da finitude. Entendendo a angustia e a desesperación como constitutivas da vida, Kierkegaard identifica a fe como a única saída posible para poder afrontar con dignidade os paradoxos da existencia. A súa filosofía subliña que o ser humano está chamado a asumir un compromiso persoal e irracional coa transcendencia, o que implica recoñecer a insuficiencia da razón para responder ás cuestións últimas.

Como vemos, a experiencia relixiosa constitúe un dos ámbitos paradigmáticos nos que o irracional adquire centralidade. Aquí, o irracional non se entende como ausencia de lóxica, senón como aquilo que excede as categorías conceptuais e provoca asombro e temor.

No seu libro *Lo santo* (1917), Rudolf Otto (1869–1937) dá lugar á noción de *numinoso*, a partir da cal pode analizar a experiencia relixiosa como unha vivencia irracional. Otto defende que a relixión xorde dun sentimento profundo de dependencia e misterio fronte ao infinito e ao divino. Esta vivencia non é racional nin conceptual, e debe captarse por tanto doutro xeito. Segundo afirma Otto, o numinoso maniféstase a través do que el chama *misterium tremendum et fascinans*. O misterio é *tremendum* pois o divino provoca tanto temor como asombro, unha sensación de pequenez fronte á manifestación de toda a súa grandeza, que excede o pensamento racional. Por outra parte, o misterio é *fascinans*, pois esa visión grandiosa e excesiva non só atemoriza senón que tamén atrae e fascina, espertando o desexo de unirse a el, malia a súa inaccesibilidade racional.

Segundo Otto, esta experiencia é mixta, pois combina ao mesmo tempo elementos racionais e non racionais, que sempre estiveron presentes na configuración humana, pero que só se activan a partir de determinadas percepcións. O numinoso aparece, por tanto, como unha categoría *a priori* a través da cal poder pensar a resposta humana ao misterio do ser.

A proposta de Otto destaca o misterio como unha dimensión esencial da existencia humana, tanto na súa vertente relixiosa como filosófica. O misterio simboliza aquilo que escapa á comprensión completa, pero que, paradoxalmente, outorga sentido á procura do coñecemento.

Tamén para Heidegger, como vimos, o ser é un misterio que só pode ser abordado desde unha actitude de apertura e asombro. Pero esa liña é desenvolvida máis especialmente por Gabriel Marcel (1889–1973), quen introduce a noción de misterio como aquilo que non pode ser resolto nin eliminado, senón só vivido e asumido. Para Marcel, o misterio non é simplemente un problema a ser resolto, senón unha realidade existencial que implica unha relación persoal e comprometida. Por exemplo, segundo Marcel tanto o amor como a esperanza van máis alá de consideracións racionais e abstractas. Son realidades que só poden ser vividas como medios para acceder a unha realidade máis profunda. No seu traballo *Ser e Ter*, Marcel afirma que estar dispoñibles para o outro e manterse abertos ao transcendente son actitudes que permiten afrontar o misterio como algo significativo, e non como algo negativo e limitante para o coñecemento.

Así mesmo, Paul Tillich (1886–1965) desenvolve a noción de «preocupación última» como unha relación simbólica que o ser humano pode manter co irracional, e ao mesmo tempo outorgar sentido á existencia. Esta preocupación última refírese a aquilo que ocupa o centro existencial da vida humana, como Deus, a verdade ou o ser. Para Tillich, esta relación non é meramente intelectual, senón unha entrega existencial que implica esferas fundamentais que exceden consideracións puramente racionais. Neste sentido, os símbolos relixiosos, por exemplo, xogan un papel clave ao expresar estas preocupacións, conectando os seres humanos co que transcende a súa realidade inmediata. Así, o irracional en Tillich aparece como unha dimensión que permite facerse cargo de significados e propósitos humanos, existenciais, especialmente relevante en contextos nos que as respostas racionais resultan insuficientes. Exemplos concretos que Tillich nomea inclúen símbolos como a cruz cristiá ou o cáliz, que non son vistos exclusivamente como representacións culturais, senón como mediadores que permiten manter unha experiencia coa dimensión do misterio e o sagrado.

Por último, John D. Caputo (1940–), influenciado por Derrida, tenta levar a estratexia da deconstrución cara á experiencia relixiosa, dando lugar a un concepto de relixión posmoderna. En obras como *A debilidade de Deus* (2006), Caputo propón unha teoloxía da debilidade, de todo o fráxil, a partir da cal rexeita a idea clásica de Deus como super-ser omnipotente, para desenvolver, no seu lugar, unha noción de Deus como *acontecemento* ou *chamado* que se manifesta na vulnerabilidade de aqueles que máis sofren. Para Caputo, o misterio e a incerteza non son obstáculos para a fe, senón que representan o máis fundamental. Cando aparece o divino faino precisamente nos débiles e marxinados, nos excluídos da historia. Para tal camiño non hai seguridade de ningún tipo senón sempre risco de que non aconteza o que pensabamos que ía acontecer. A fe, por tanto, non supón nin asume certezas, senón respostas comprometidas a un chamado do que un nunca está seguro de antemán. Por iso a visión de Caputo asume unha dimensión de misterio, irracional, ao subliñar a importancia do descoñecido, das aporías e do imposible como espazos de transformación espiritual.

Pola outra banda, a ciencia moderna tamén enfrontou límites no seu desenvolvemento e na súa capacidade para explicar a realidade, como puxo de relevo moi especialmente Werner Heisenberg (1901–1976). Segundo o seu *principio de incertidume*, canto máis precisa sexa a determinación da velocidade (ou momento) dunha partícula, menos precisa será a súa posición, e viceversa. Isto significa que é imposible determinar simultaneamente con precisión tanto a velocidade (ou o tempo) como a posición dunha partícula subatómica.

Segundo Heisenberg, calquera fotón que interactúe cun electrón e sexa detectado por un aparato experimental altera significativamente a posición e o momento do electrón, o que demostra a imposibilidade de medir ambas propiedades con precisión absoluta. O principio de incertidume di que toda a información dun sistema só amosa os resultados posibles dunha medición, pero non os resultados específicos que se obterán durante unha observación.

Polo tanto, a física atómica tivo que recoñecer inevitablemente, como ben formulou Niels Bohr, que o feito de observar altera o que se observa. Resulta imposible coñecer a realidade de maneira precisa porque a observación induce necesariamente cambios no estado observado, cuxa natureza non se coñece con precisión, indo alén das pretensións do suxeito de coñecemento.

Ademais, os actuais avances en intelixencia artificial expoñen tamén novos interrogantes, como os ilustrados por Alan Turing (1912–1954), coa coñecida como *máquina de Turing*, que formulou cuestións fundamentais sobre cales son os límites da computación e da intelixencia artificial, e moi especialmente, sobre se as máquinas poden replicar procesos irracionais humanos como a intuición. Na mesma liña, John Searle, co *experimento da sala chinesa*, afirmou que as máquinas poden manipular símbolos aínda que non comprendan o seu significado, e polo tanto separa os conceptos de manipulación formal e comprensión real. É dicir, non é preciso comprender algo para poder manipulalo con precisión, o que abre novos interrogantes no devir da nosa sociedade contemporánea tan tecnoloxizada.

Concluíndo, o recoñecemento dos límites do coñecemento e a aceptación do irracional como parte da experiencia humana leva a reconsiderar o papel da razón. Lonxe de ser autosuficiente, a razón descobre a súa finitude e a necesidade de dialogar con outras formas de acceso ao real, como a fe, a intuición e a experiencia relixiosa.

Este recoñecemento non implica un rexeitamento da razón, senón a súa integración nunha epistemoloxía ampliada, capaz de recoñecer o misterio como horizonte e de valorar o irracional non como negación, senón como complemento necesario para comprender a totalidade da existencia.

Epistemoloxías posthumanistas e postantropocentristas

A crise contemporánea do coñecemento levou á filosofía a cuestionar non só as súas bases epistemolóxicas, senón tamén as súas presuposicións antropocéntricas. O paradigma tradicional colocaba o ser humano como centro do coñecemento e como medida de todas as cousas. Porén, nas últimas décadas emerxeron perspectivas posthumanistas e ecoloxistas que propoñen unha reconsideración radical desta posición.

A partir da crítica heideggeriana á metafísica occidental, estas novas correntes cuestionan o dualismo, característica ao seu xuízo presente ao longo de toda a historia da filosofía, a través da separación entre suxeito e obxecto, natureza e cultura, home e muller, etc. Propoñen, no seu lugar, unha visión máis integrada e relacional, postdualista. Este enfoque leva consigo a reformulación dos fundamentos epistemolóxicos, rompendo co humanismo clásico e postulando unha visión ecolóxica e posthumana do coñecemento.

Martin Heidegger abriu o camiño para unha crítica á metafísica tradicional ao poñer en cuestión a centralidade do ser humano como suxeito cognoscente. O seu concepto de *ser-no-mundo (In-der-Welt-sein)*, como vimos, subliñaba a interdependencia entre o ser humano e o entorno no que está inmerso.

Desde esta perspectiva, o coñecemento non é unha representación dun mundo obxectivo separado do suxeito, senón un proceso de implicación existencial no mundo. A obra de Heidegger, neste sentido, influíu profundamente nas correntes ecoloxistas e posthumanistas, que reinterpretan o coñecemento como un fenómeno relacional e ecolóxico, enfrontándose á tradición iniciada explicitamente por Descartes.

A crítica fundamental é á concepción moderna do suxeito como centro do coñecemento, herdeira do *cogito* cartesiano. Propoñen abandonar a visión dualista que separa o suxeito pensante (*res cogitans*) do mundo material *(res extensa)*. En lugar de ver o mundo como un obxecto pasivo ao servizo do suxeito humano, estas correntes promoven unha epistemoloxía relacional, onde o coñecemento se entende como un proceso que implica tanto a humanos como a non humanos.

Por exemplo, Donna Haraway (1944–), coa súa noción de *ciborg*, pon en cuestión as supostas fronteiras entre natureza e tecnoloxía, ou entre humano e máquina, indo máis alá das dicotomías clásicas, promovendo no seu lugar unha epistemoloxía híbrida. Na súa afamada obra *Manifesto Ciborg* (1985), Haraway propón devandito concepto como unha metáfora para superar as fronteiras fixas entre natureza e cultura, por un lado, e entre bioloxía e tecnoloxía, polo outro. A súa análise suxire que o coñecemento debe ser visto como produto de interaccións complexas e híbridas, recoñecendo a continuidade entre humanos, máquinas e organismos.

Na mesma liña está a proposta de Bruno Latour (1947–2022). Para el o mundo está formado por *actores* (tamén chamados *actantes*). Todos eles se sitúan no mesmo plano ontolóxico: átomos, seres humanos, números, construcións ou fenómenos atmosféricos, por exemplo. Ningún é máis importante que outro, e todos son absolutamente singulares. Ningún deles ten unha esencia que o defina, unha característica fundamental que o converte no que é, senón que cada cousa é o seu conxunto de atributos, que son distintos en cada un dos casos. Latour, polo tanto, colócase nun plano ontolóxico onde todos os actores son igualmente importantes, e son absolutamente concretos, distintos uns de outros en función das relacións que establecen cos demais que, á súa vez, son as que outorgan máis e menos consistencia aos seus actos.

Por iso Latour se enfronta decisivamente a toda concepción moderna, que privilexia en todo caso ao suxeito, á conciencia humana, por diante dos obxectos ou existentes non humanos, aos que sempre tenta representar.

Nun dos seus libros máis afamados, *Nunca fomos modernos*, trata a cuestión de como a tentativa de representar o existente levou á modernidade a esquecerse dos existentes *reais*, fácticos, e centrarse en algo construído, nominal, que, non obstante, pasou por ser aquilo que representaba. Latour afirma que este é o modo típico de actuar da modernidade, dividir a realidade en dous polos opostos, que en ningún momento se cruzan: dunha parte, a cultura —o social, o político, rexidos pola liberdade—, de outra a natureza —feitos empíricos, naturais, en canto rexidos pola necesidade—.

Latour afirma que nesta separación participan a meirande parte dos filósofos modernos e boa parte dos contemporáneos, e sitúa a orixe do conflito a nivel filosófico en Kant. Pois Kant sostén que hai un abismo que separa os *fenómenos* — aquilo que se lle manifesta a un suxeito: un obxecto de coñecemento— dos *noúmenos* —as cousas tal e como son en si mesmas, cousas-en-si, inaccesibles para un suxeito—. Dese modo, dedúcese que a realidade desborda as capacidades do suxeito, pasando a estar ambos ontoloxicamente afastados. A conclusión de Latour é que os humanos e o mundo se manteñen en dous planos distintos, facendo difícil pensar a súa interacción.

Fronte a isto Latour propón que todas as entidades, todos os existentes, deben ser tratados como actores que cos seus actos desencadean efectos noutros actores. Dese xeito os existentes non-humanos —obxectos, segundo a filosofía moderna— teñen un papel igual de importante que os humanos. Latour fala en cada ocasión de actores específicos, evitando abstraccións como «sociedade», «ciencia» ou «capital», que non son máis que nomes que agochan a multiplicidade de relacións que distintos actores fan no seu interior. O modo de pensar de Latour dá lugar a unha ontoloxía plana, horizontal, pois para el todas as interaccións entre os actores se manteñen ao mesmo nivel. Como consecuencia, a problemática moderna da relación entre o pensamento e o mundo —única relación considerada importante— tórnase unha entre moitas outras, todas igualmente relevantes para a constitución final da realidade.

Pola súa parte, a filósofa e física teórica Karen Barad (1956–), coa súa teoría da *intra-acción*, postula que o coñecemento emerxe das relacións entre entidades humanas e non humanas, seguindo polo tanto co camiño de ruptura co gallo da separación clásica entre suxeito e obxecto. Para Barad, o coñecer non ocorre entre entidades preexistentes, senón que os propios axentes (humanos e non humanos) se constitúen mutuamente a través da súa interacción. No seu traballo *Meeting the Universe Halfway*, avanza unha concepción de materia activa, que non responde á pasividade clásica considerada desde Aristóteles, e que desencadea que procesos materiais e discursivos se podan entrelazar para dar como resultado a produción de sentido e realidade.

Outra contribución relevante destas correntes é a crítica ao coñecemento abstracto e universalista propio da modernidade, defendendo no seu lugar un coñecemento situado e encarnado. Este enfoque aliñaríase coa hermenéutica (Gadamer) ao destacar que todo coñecemento está mediado pola historia e o contexto cultural. Así, as concepcións ecoloxistas propoñen recoñecer a interdependencia entre humanos e ecosistemas como parte dun saber situado e plural.

Por exemplo, Timothy Morton (1968–) desenvolve o concepto de *hiperobxectos* —realidades como o cambio climático, que exceden a escala humana— no libro *Hiperobxectos: Filosofía e ecoloxía logo da fin do mundo* (2013), onde chama á creación de novas formas de pensar e representar o mundo. Para Morton, os hiperobxectos son entidades vastas, distribuídas e inmanentes, cuxos efectos son tan amplos que desafían as concepcións tradicionais de tempo, espazo e causalidade. Isto obriga a repensar os marcos epistemolóxicos tradicionais e adoptar modelos máis integrados e interconectados.

Estas propostas, como vemos, confrontan a epistemoloxía tradicional ao suxerir que a mente humana non é o único centro cognoscente. Para eles, tanto os sistemas naturais como os tecnolóxicos son quen de procesar información, e por tanto, de *coñecer* no seu sentido estrito. Esta visión achégase ás críticas posmodernas e postestruturalistas sobre a fragmentación da verdade e a multiplicidade de perspectivas, pero ampliando o enfoque máis aló do humano, a través das influencias do ecofeminismo e a filosofía da tecnociencia.

Un exemplo acaído neste sentido é Jane Bennett (1957–), quen propón unha *materia vibrante* nos obxectos, que os dota de vitalidade, indo máis alá do antropocentrismo e incorporando axencias non humanas ao proceso cognitivo. Para Bennett, os obxectos teñen unha especie de capacidade para actuar e afectar, o que obriga a reconsiderar a relación entre materia e axencia. No seu libro *Materia vibrante* (2010) analiza como os materiais aparentemente inertes, como unha rede eléctrica ou determinados restos urbanos, xeran efectos reais e significativos na sociedade e no ambiente. Da obra de Bennett pódese deducir, por tanto, que a separación entre materia viva e non viva é artificial, e que é máis acaído considerar unha relación de continuidade entre corpos humanos e obxectos non humanos.

Pola banda máis ecofeminista, Vandana Shiva (1952–) denuncia en *Abrazar la vida. Mujer, ecología y desarrollo* (1988) como os modelos dominantes de ciencia e tecnoloxía serven a intereses coloniais e patriarcais, promovendo unha explotación da natureza que ignora a súa diversidade e complexidade. Como alternativa, propón unha *ciencia da diversidade*, baseada en coñecementos tradicionais e ecolóxicos, que poda asumir unha interconexión real entre saberes locais e prácticas sustentables. Para Shiva, a epistemoloxía debe integrar non só os datos cuantitativos senón tamén os valores éticos e culturais. Defende a soberanía alimentaria e a biodiversidade como paradigmas alternativos ao extractivismo industrial. Desde esta perspectiva, pois, analízase como a ciencia moderna foi construída sobre un modelo de dominación da natureza, cuestionando as súas pretensións de obxectividade e universalidade.

O coñecemento científico é interpretado como unha práctica social situada, dependente das relacións de poder e das tecnoloxías empregadas. Así, os enfoques ecoloxistas propoñen unha ciencia participativa e inclusiva que incorpore tanto saberes tradicionais como novas metodoloxías abertas á complexidade e á incerteza.

Resumindo, a crise do suxeito cartesiano levou consigo o xurdimento dunha epistemoloxía relacional e descentralizada, onde o coñecemento se concibe como un proceso colectivo e interconectado. Este xiro epistemolóxico non é novidoso soamente respecto á tradición filosófica, senón que tamén ofrece ferramentas para repensar problemas globais urxentes, como o cambio climático, a crise ecolóxica e o impacto da tecnoloxía. En diálogo coas correntes hermenéuticas e posmodernas analizadas anteriormente, estas perspectivas abren novas posibilidades para explorar os vínculos entre o coñecemento, a ética e o mundo no que vivimos.

Finalmente, este capítulo serve como ponte cara á parte de lóxica do libro, onde se cuestionarán as ferramentas conceptuais e as regras do pensamento que herdamos da tradición filosófica. A partir das críticas posthumanistas e ecoloxistas, o seguinte paso será examinar como estas transformacións afectan tamén ás estruturas lóxicas e á análise formal do razoamento.

Epílogo: Da epistemoloxía á lóxica

A segunda parte deste libro percorreu as principais liñas de pensamento sobre o coñecemento humano, desde os seus fundamentos filosóficos na modernidade ata as súas reinterpretacións contemporáneas. O estudo da epistemoloxía mostrounos como o problema do coñecemento está intrinsecamente ligado ás preguntas sobre a verdade, os límites da razón e a estrutura das nosas crenzas.

Comezamos esta parte explorando os postulados fundacionais de Descartes, quen buscou unha certeza absoluta a través da dúbida metódica, e de Leibniz, quen introduciu unha lóxica formalizada baseada en verdades de razón e de feito. Hume, pola súa banda, levou o empirismo ata os seus límites, cuestionando a causalidade e a identidade persoal, abrindo así unha crise sobre a fundamentación do coñecemento que Kant intentou resolver coa súa filosofía transcendental.

Kant, coa súa análise dos xuízos *sintéticos a priori* e das estruturas do coñecemento, marcou un punto de inflexión, sentando as bases para entender como os elementos *a priori* condicionan a nosa experiencia. A súa crítica á metafísica e á razón pura preparou o terreo para novas formulacións no século XIX e XX, como a de Husserl, que afondou na fenomenoloxía e na análise da conciencia intencional.

Posteriormente, a hermenéutica de Gadamer e Ricoeur destacou o papel da interpretación e da tradición na construción do sentido, mentres que os posmodernos como Vattimo, Lyotard e Baudrillard cuestionaron os grandes relatos e a estabilidade do significado, insistindo na pluralidade e fragmentación do coñecemento.

O debate sobre a verdade revelou como diferentes enfoques filosóficos —desde a adecuación ata a coherencia e o perspectivismo— tentaron resolver o problema fundamental de como verificar e xustificar as nosas crenzas. Ademais, prestouse especial atención ás concepcións de verdade nas matemáticas e nas ciencias empíricas, destacando as súas particularidades metodolóxicas e os criterios que permiten establecer afirmacións válidas e fiables nestes ámbitos. Este percorrido culminou na análise das opinións como formas de coñecemento parcial, subxectivo e dinámico, que enriquecen o diálogo e a reflexión crítica.

Finalmente, a última sección desta parte introduciu un novo xiro epistemolóxico baseado nas perspectivas posthumanistas e ecoloxistas. Estas correntes cuestionan a centralidade do suxeito moderno e propoñen unha epistemoloxía relacional, integrada e descentralizada. Autores como Haraway, Latour, Barad, Morton e Shiva subliñan a interdependencia entre humanos, tecnoloxías e ecosistemas, propoñendo novos paradigmas de coñecemento que rompen co dualismo clásico entre natureza e cultura. Estas propostas, ao abordar a axencia de entidades non humanas e cuestionar as categorías tradicionais de verdade e obxectividade, abren vías innovadoras para repensar a epistemoloxía no contexto da crise ambiental e tecnolóxica contemporánea.

Este estudo sobre o coñecemento prepara o camiño para a terceira parte do libro, dedicada á lóxica. Se a epistemoloxía investigou as condicións para coñecer e xustificar as nosas crenzas, a lóxica analizará as regras formais e os métodos que permiten avaliar a validez dos argumentos.

As epistemoloxías posthumanistas tamén actúan como unha ponte cara á lóxica ao interpelar os marcos convencionais de racionalidade e suscitar novos interrogantes acerca dos confíns do razoamento formal. A reiterada énfase na interconexión e a complexidade abre un camiño cara á necesidade de investigar modelos lóxicos máis adaptables, capaces de incorporar unha diversidade de axencias e perspectivas que definen o mundo actual.

Por tanto, a lóxica actúa como unha ligazón entre a filosofía teórica e a práctica, ofrecendo os instrumentos necesarios para estruturar o pensamento e distinguir entre inferencias válidas e inválidas. Esta transición resulta esencial, particularmente tras analizar como os límites do coñecemento e a problemática do irracional poñen en cuestión a habilidade da razón para englobar a totalidade da realidade.

A epistemoloxía evidenciou que o coñecemento é un proceso dinámico, profundamente arraigado na historia e a lingüística, pero tamén suxeito a restricións e tensión. Actualmente, estas contemplacións ínstanos a profundar nos mecanismos lóxicos que sustentan as nosas argumentacións e as estruturas do pensamento racional.

Este epílogo capacítanos para avanzar no estudo da lóxica, no que se abordarán tanto a lóxica clásica como as súas variantes contemporáneas, indagando nos principios esenciais que apoian a validez do discurso racional.

PARTE 3

LÓXICA

Pensamento, linguaxe e lóxica: Unha introdución

Ao longo da historia da filosofía, a linguaxe foi sempre un tema de reflexión, pero non sería ata o século XX cando se consolidou como o núcleo central do pensamento filosófico. Nesta época, a filosofía da linguaxe pasa a ocupar o espazo que antes correspondía á metafísica e á teoría do coñecemento, converténdose no ámbito fundamental para abordar as grandes cuestións filosóficas.

A partir deste xiro lingüístico, numerosos pensadores comezan a soster que a resolución dos problemas ontolóxicos, epistemolóxicos e éticos debe pasar, necesariamente, por unha análise do discurso e do significado. A linguaxe preséntase así como o medio no que converxen todos os niveis da realidade, ofrecendo un punto de acceso privilexiado para comprender tanto o mundo como o pensamento humano.

Neste contexto, a semántica —ou teoría do significado— adquire unha relevancia especial. A súa tarefa principal é clarificar como as palabras e as proposicións representan o mundo e transmiten información. Esta análise conduce á lóxica, entendida como a estrutura profunda que sustenta o discurso e permite determinar a verdade ou falsidade das proposicións. Esta perspectiva será desenvolvida especialmente por Ludwig Wittgenstein (1889–1951), cando menos na primeira parte da súa obra, encarnada no seu *Tractatus Logico-Philosophicus*, onde se trata pormenorizadamente a relación entre linguaxe, pensamento e realidade, considerando que as representacións humanas se basean no que el denomina unha concepción figurativa da representación.

Wittgenstein comeza o seu traballo moi influído pola obra de Frege e Russell, autores que lle permiten manter o seu enfoque sobre a linguaxe como representación figurativa do mundo. A súa abordaxe irá moito máis lonxe que a de Frege e Russell, pero compartirá con eles o suposto de que a lóxica é a estrutura común entre a linguaxe e a realidade, facendo posible que as proposicións expresen feitos sobre o mundo.

Nesta medida, o *Tractatus* establece unha distinción entre o que pode ser dito con claridade —os feitos susceptibles de representación lóxica— e o que debe permanecer en silencio, por non poder precisamente expresarse con claridade, como os asuntos propios da metafísica e a ética, por exemplo. Esta proposta supón unha transformación radical na filosofía, pois abre o camiño para supoñer que parte dos problemas tradicionais da filosofía son, en última cuestión, asuntos mal formulados lingüisticamente, que poden resolverse ao clarificar o significado das palabras empregadas.

A lóxica, por tanto, e independentemente das conclusións de Wittgenstein, proporciónanos unha ferramenta para analizar a estrutura do discurso e determinar as condicións baixo as cales unha proposición pode ser verdadeira ou falsa. Con isto, a lóxica non só se converte nun instrumento técnico, senón tamén nun método filosófico para delimitar os límites do pensamento e da linguaxe.

Nas seccións seguintes, exploraremos con maior detalle as propostas de Wittgenstein no *Tractatus*, así como o funcionamento das táboas de verdade, a lóxica siloxística e as regras da lóxica proposicional. Estas ferramentas permitiranos comprender como a análise da linguaxe contribúe á clarificación conceptual e á resolución dos problemas filosóficos.

Wittgenstein e o atomismo lóxico

Na filosofía idealista de Hegel, a verdade identifícase coa totalidade. O sistema hegeliano preséntase como unha verdade absoluta, na que a Idea Absoluta integra e supera, mediante a *Aufhebung*, todos os contidos previos. Esta concepción implica que a realidade é unha unidade orgánica onde cada elemento só pode ser comprendido en relación co todo. O Absoluto é, por tanto, resultado e síntese de todas as relacións existentes.

Esta perspectiva levanta varios interrogantes. En primeiro lugar, suxire que só hai unha realidade: o todo ou Absoluto, identificado coa conciencia. Os enunciados verdadeiros serían, deste modo, aqueles que describen esta totalidade e as súas relacións internas. Desde un punto de vista lóxico, isto implica que as relacións entre os obxectos son «internas», ou sexa, propiedades inherentes aos mesmos. Como cada obxecto se relaciona intrinsecamente con todos os demais, cada elemento forma parte esencial da natureza dos demais, configurando unha realidade única e interdependente.

Con esta formulación, calquera enunciado particular que ille un feito do seu contexto sería unha distorsión parcial da realidade. Só as afirmacións sobre o Absoluto poderían aspirar á verdade completa. Esta visión conducía a unha lóxica onde predominaban os predicados monádicos, isto é, propiedades intrínsecas dos obxectos, mentres se ignoraban os relatores ou relacións entre obxectos.

Fronte a esta tradición idealista, Bertrand Russell (1872–1970) e G. E. Moore (1873–1958) propuxeron unha alternativa baseada no atomismo lóxico. Esta nova perspectiva sostén que o mundo está composto por unha multiplicidade de obxectos independentes entre si, relacionados mediante conexións externas. Aquí, as relacións deixan de ser propiedades internas dos obxectos e pasan a ser elementos autónomos e observables.

Russell sinalou que moitos problemas metafísicos xorden dunha «mala gramática», é dicir, dunha falta de claridade na análise do linguaxe. Para superalos, propuxo un método de análise lóxica que permitise descompoñer os enunciados complexos en unidades máis simples, revelando a súa estrutura subxacente. Isto esixía o desenvolvemento dunha lóxica máis precisa, capaz de reflectir a estrutura da realidade de forma transparente.

Wittgenstein, influenciado por Russell, leva esta idea ao seu extremo no *Tractatus Logico-Philosophicus*. Para el, o mundo está composto por feitos atómicos, combinacións elementais de obxectos. Cada proposición lóxica representa un feito posible, actuando como unha imaxe ou modelo da realidade.

A clave do proxecto de Wittgenstein é a noción de representación figurativa *(Bildtheorie)*, segundo a cal a linguaxe e a realidade comparten unha estrutura lóxica común. Esta correspondencia permite que as proposicións describan o mundo de maneira precisa. A lóxica funciona, así, como a base formal que fai posible a relación entre linguaxe e mundo.

No *Tractatus*, Wittgenstein desenvolve varios puntos fundamentais. Un deles refírese á estrutura do mundo, que para Wittgenstein está composta por feitos atómicos que son combinacións de obxectos simples. Outro asume que as proposicións son imaxes, é dicir, representacións figurativas deses feitos atómicos. En terceiro lugar, afirma que a lóxica é a estrutura do pensamento, é dicir, a lóxica non describe o mundo, senón que define as condicións de posibilidade de calquera descrición. Por último, formula a problemática dos límites da linguaxe cando propón que soamente se poden formular proposicións con sentido sobre feitos observables. O que implica que cuestións como a ética, a estética ou a metafísica quedan fóra do ámbito do discurso significativo.

A proposta de Wittgenstein implica que moitos problemas filosóficos tradicionais derivan dun mal uso da linguaxe. Ao clarificar a estrutura lóxica do discurso, é posible disolver eses problemas en lugar de resolvelos. Isto fai da filosofía unha actividade esencialmente analítica, cuxa tarefa é delimitar os límites do sentido e o non sentido.

Por exemplo, as proposicións científicas deben formularse de modo que a súa estrutura lóxica reflicta as relacións entre os feitos do mundo. As proposicións metafísicas, pola contra, ao carecer de referencias claras no mundo, quedan reducidas a expresións sen sentido.

O *Tractatus* de Wittgenstein supón unha ruptura radical co idealismo absoluto e abre o camiño para a filosofía analítica contemporánea. A través do atomismo lóxico, propónse unha visión na que o significado descansa na capacidade do linguaxe para representar a estrutura do mundo. Ao facelo, Wittgenstein redefine o papel da filosofía: non como unha doutrina, senón como unha actividade que busca clarificar o pensamento mediante a análise lóxica.

A lóxica proposta por Wittgenstein no *Tractatus* representa unha análise formal e simbólica das relacións entre linguaxe e mundo. Non obstante, a lóxica como disciplina abrangue enfoques máis diversos e históricos. Para comprender o papel da lóxica na clarificación do pensamento, resulta necesario volver ás súas raíces clásicas, examinando o modelo siloxístico de Aristóteles antes de explorar en detalle os sistemas lóxicos modernos.

Que é a lóxica?

Podemos definir a lóxica como a parte da filosofía que estuda as condicións que debe cumprir todo razoamento para ser formalmente válido.

Un razoamento é un proceso mental que se caracteriza porque, a partir duns xuízos dados (ou premisas) pasamos a outro xuízo derivado necesariamente das premisas anteriores (a conclusión). Esta relación de necesidade que se establece entre premisas e conclusión permítenos distinguir entre «verdade» e «validez». A lóxica non estuda a «verdade» dos xuízos, senón a «validez» dos razoamentos.

A «verdade» é unha propiedade dos xuízos ou enunciados. Por exemplo: «os gatos son mamíferos» é un enunciado verdadeiro, mentres dicir «os gatos son réptiles» é un enunciado falso.

A «validez» dos razoamentos é con todo asunto da lóxica, e esta validez é independente da «verdade», ou non, dos enunciados. O único que lle interesa á lóxica é a conexión necesaria entre a conclusión e as premisas.

Así, en todo razoamento podemos distinguir dous elementos totalmente independentes: a súa estrutura ou forma e o seu contido ou materia. A lóxica só se ocupa do primeiro, deixando o segundo ás ciencias empíricas.

Vexamos un exemplo:

1. Todos os gatos son mamíferos, todos os mamíferos son animais. Logo, todos os gatos son animais.

2. Todos os gatos son mamíferos, todos os mamíferos son vexetais. Logo, todos os gatos son vexetais.

3. Todos os gatos son vexetais, todos os vexetais son animais. Daquela todos os gatos son animais.

4. Nos tres casos, o razoamento é idéntico Todos os A son B (Premisa 1) Todos os B son C (Premisa 2)

Logo, todos os A son C (Conclusión)

Desde o punto de vista lóxico ou formal, a súa validez é absoluta e, con todo, todos sabemos que nos casos 2 e 3 algo falla. De feito, estes tres exemplos permítenos observar que:

a) De premisas verdadeiras obtemos unha conclusión verdadeira. (1)

b) De premisas falsas obtemos unha conclusión falsa (Caso 2)

c) De premisas falsas obtemos unha conclusión verdadeira (3) E aínda poderiamos atopar un cuarto caso,

d) De premisas verdadeiras pode obterse unha conclusión falsa:

> «Todos os gatos son mamíferos, todos os cans son mamíferos. Daquela todos os gatos son cans».

Dos catro casos, a lóxica só rexeitaría o último, porque a forma do razoamento é inválida, pero non así a dos casos anteriores, cuxa validez formal, independentemente da súa verdade material, é impecable.

Que as premisas sexan verdadeiras ou non o sexan é unha cuestión que cae fóra da lóxica. A lóxica non se ocupa de verdades materiais, senón das relacións formais entre elas. Por iso en lóxica fálase de razoamento válido ou de validez formal. Por iso é polo que a lóxica pretende codificar os principios ou leis que garanten a validez formal dos razoamentos. O importante, o esencial, é que as conclusións se deriven necesariamente das súas premisas. Isto garante que se as súas premisas son verdadeiras, só entón, necesariamente tamén será verdadeira a conclusión.

Dixemos que a lóxica formal se ocupa da estrutura formal dos razoamentos, razoamentos que se fan a partir de xuízos ou enunciados. Agora ben, ao traballar cos enunciados temos dúas posibilidades, analizar a súa estrutura interna ou non facelo.

Tomemos como exemplo o enunciado ou proposición «todos os gatos son mamíferos». Segundo como nos enfrontemos a este enunciado representarémolo de diferente forma:

p   [lese: «p»]

S – A – P   [lese: «todos os S son P»]

V x (Gx → Mx)   [«para todo x, se x é G, entón x é M»]

Esta forma de proceder dá lugar a diferentes tipos de lóxica:

- A lóxica proposicional ou de enunciados no primeiro caso.
- A lóxica siloxística no segundo.
- A lóxica de predicados no terceiro. En realidade, a lóxica siloxística é a forma máis simple da lóxica de predicados.

Lóxica siloxística: Estrutura e razón formal

A lóxica siloxística, considerada a primeira achega á disciplina da lóxica, e desenvolvida por Aristóteles na súa obra *Organon*, representa o primeiro intento sistemático de analizar a estrutura dos argumentos. A súa importancia establécese na tentativa de examinar a validez de calquera inferencia mediante regras formais, sentando así as bases para o que posteriormente foi a lóxica occidental.

Aristóteles presentou a lóxica como a ciencia do razoamento válido, centrada na relación entre proposicións e conclusións. A clave do sistema lóxico aristotélico é o siloxismo, unha forma de argumento dedutivo composto por dúas premisas e unha conclusión. Por exemplo:

- **Premisa maior:** Todos os homes son mortais.
- **Premisa menor:** Sócrates é un home.
- **Conclusión:** Polo tanto, Sócrates é mortal.

Este tipo de inferencia analizada por Aristóteles será o modelo para analizar se existe ou non unha necesidade lóxica entre as premisas e a conclusión, enfoque que leva consigo poder asegurar a validez con independencia do contido das proposicións.

O siloxismo baséase en tres termos:

1. **Termo maior:** Aparece na premisa maior e na conclusión («mortais» no exemplo anterior).

2. **Termo menor:** Presente na premisa menor e na conclusión («Sócrates»).

3. **Termo medio:** Conecta as premisas pero non aparece na conclusión («homes»).

A relación entre estes termos permite clasificar os siloxismos segundo a súa figura e modo, dependendo da disposición dos termos e do tipo de proposicións empregadas, que serán clasificadas, á súa vez, en catro tipos (universais, particulares, afirmativas ou negativas).

Como vemos, a lóxica siloxística non se ocupa da verdade das premisas, do seu contido, senón da súa forma. Un argumento, por tanto, será válido se a súa conclusión se deriva necesariamente das premisas, independentemente de se estas son verdadeiras ou falsas.

Aristóteles identificou varios principios fundamentais para determinar a validez, entre os que destacan o *principio de terzo excluído* —unha proposición só pode ser considerada verdadeira ou falsa, sen ningunha outra posibilidade—, o *principio de non contradición* —unha proposición non pode ser verdadeira e falsa ao mesmo tempo—, e os *principios de inclusión e exclusión* —a relación entre os termos define a necesidade lóxica da conclusión—.

A lóxica siloxística dominou o pensamento occidental ata o desenvolvemento da lóxica moderna con Frege e Russell. Con todo, segue sendo unha ferramenta fundamental para comprender os principios do razoamento dedutivo e a estrutura básica dos argumentos. Ademais, a lóxica siloxística complementa a lóxica proposicional ao centrarse na relación entre categorías, mentres que a lóxica moderna traballa coa estrutura formal das proposicións.

Se nos centramos agora nos tipos de siloxismos, podemos analizar as súas figuras e modos, así como as regras para avaliar a súa validez, para tentar dar así unha visión básica desta tradición lóxica.

O siloxismo é unha forma de inferencia dedutiva, e como tal pode ser clasificado segundo sexa a disposición dos seus termos e o tipo de proposicións que empregue. Estes elementos determinan as súas figuras e modos, permitindo establecer as regras para avaliar a súa validez.

A figura dun siloxismo depende da posición do termo medio (M) nas premisas:

1. Primeira figura:
   » Premisa maior: M – P
   » Premisa menor: S – M
   » Conclusión: S - P

2. Segunda figura:
   » Premisa maior: P – M
   » Premisa menor: S – M
   » Conclusión: S - P

3. Terceira figura:
   » Premisa maior: M – P
   » Premisa menor: M – S
   » Conclusión: S - P

4. Cuarta figura:
   » Premisa maior: P – M
   » Premisa menor: M – S
   » Conclusión: S - P

Pola súa parte, o modo dun siloxismo vén determinado pola calidade (afirmativa ou negativa) e a cantidade (universal ou particular) das proposicións implicadas. As categorías básicas son:

- A (Universal afirmativa): Todos os A son B.
- E (Universal negativa): Ningún A é B.
- I (Particular afirmativa): Algúns A son B.
- O (Particular negativa): Algúns A non son B.

Os modos nomean as tres proposicións do siloxismo (premisa maior, premisa menor e conclusión). Por exemplo, o modo «EAE» na segunda figura indica:

- Premisa maior: Universal negativa (E)
- Premisa menor: Universal afirmativa (A)
- Conclusión: Universal negativa (E)

Algúns exemplos de siloxismos por figuras son os seguintes:

- Primeira figura (*Barbara* - AAA):
  - Premisa maior: Todos os homes son mortais (A).
  - Premisa menor: Todos os filósofos son homes (A).
  - Conclusión: Todos os filósofos son mortais (A).
- Segunda figura (*Cesare* - EAE):
  - Premisa maior: Ningún réptil é racional (E).
  - Premisa menor: Todos os humanos son racionais (A).
  - Conclusión: Ningún humano é réptil (E).
- Terceira figura (*Darapti* - AAI):
  - Premisa maior: Todos os animais son mortais (A).
  - Premisa menor: Todos os cabalos son animais (A).
  - Conclusión: Algúns cabalos son mortais (I).

Para determinar se un siloxismo é válido, deben cumprirse as seguintes regras:

1. Distribución dos termos: Se un termo está distribuído na conclusión, debe estalo tamén na premisa correspondente.

2. Calidade e Cantidade:
   » Dúas premisas negativas non poden producir conclusión.
   » Se unha premisa é negativa, a conclusión tamén debe selo.
   » Dúas premisas particulares non poden producir conclusión.
   » Se unha premisa é particular, a conclusión tamén debe selo.

3. Presenza do termo medio: O termo medio debe aparecer en ambas premisas, pero non na conclusión.

4. Evitar a falacia de catro termos: Deben utilizarse só tres termos, sen cambios na súa definición ou significado.

Deste xeito, facendo uso das figuras e os modos podemos considerar a validez ou invalidez de todo tipo de argumento dedutivo, en base á súa configuración formal. A precisión que nos permite a lóxica de siloxismos axuda a identificar erros lóxicos e facer o razoamento máis claro, sen confusións estruturais ou expresivas. Por iso serve como lazo de unión entre o pensamento antigo e os enfoques modernos. No capítulo seguinte, profundaremos na súa aplicación práctica e na súa relación co desenvolvemento da lóxica contemporánea.

A lóxica aristotélica dominou o pensamento occidental durante séculos como modelo para examinar a validez dos argumentos. Porén, os avances dos séculos XIX e XX levaron a un cambio significativo na análise lóxica, centrándose máis nos enfoques simbólicos e estruturais. Este cambio foi impulsado polas ideas de Frege, Russell e Wittgenstein, entre outros, pero iso non supuxo a substitución da lóxica siloxística, senón a súa *aufhebung*, indo máis alá dela, ao tratar cuestións que exceden o uso das categorías e das relacións entre termos. En cambio, a lóxica proposicional, que considera as proposicións como unidades básicas, céntrase nas conexións entre elas mediante operadores lóxicos.

Ao estudar a lóxica proposicional, afondaremos no seu potencial para clarificar argumentos complexos, analizar inferencias formais e ofrecer unha base sólida para a computación e as ciencias formais. Este paso marca a transición desde a lóxica clásica á lóxica moderna, enriquecendo a nosa comprensión do razoamento e do discurso racional.

Lóxica proposicional

A lóxica proposicional caracterízase porque toma os enunciados como un todo, sen analizar a súa estrutura interna. Do que se trata por tanto é de analizar as relacións de inferencia entre proposicións. A continuación veremos os seus distintos elementos.

Variables proposicionais

Son os símbolos cos que traballa esta lóxica. Represéntanse polas letras minúsculas a partir da letra «p»: p, q, r, … Estas letras denomínanse variables proposicionais porque poden representar calquera proposición ou enunciado da linguaxe natural.

Unha proposición é unha oración enunciativa, é dicir, unha oración que afirma ou nega algo e que, na lóxica bivalente poden ser verdadeiras ou falsas. Isto represéntase cos números 1 (verdadeiro) e 0 (falso).

As proposicións poden ser simples ou complexas. Unha proposición simple é aquela que non pode descompoñerse en partes que sexan á súa vez proposicións. As proposicións simples chámanse tamén proposicións atómicas. Unha proposición complexa é aquela que pode descompoñerse en proposicións simples, tamén son chamadas proposicións moleculares.

Conectivas ou constantes lóxicas: ¬, ∧, ∨, →, ↔.

Son os operadores que nos permiten conectar unhas proposicións con outras formando proposicións compostas ou moleculares. Estas conectivas serían o equivalente, en matemáticas, dos operadores (+, −, :, x). E actúan seguindo as regras de formación de enunciados.

Símbolos auxiliares: (), [], { }.

Do mesmo xeito que en matemáticas, estes símbolos marcan a prioridade dunha conectiva sobre outra. Cando nunha fórmula hai varias conectivas ten que quedar claro cal delas é a conectiva dominante: sempre será aquela que quede fóra da paréntese. Por exemplo, en «(p ∧ q) ∨ r» a conectiva dominante é a disxunción; en «p ∧ (q ∨ r)» a conectiva dominante é a conxunción.

Con todo, por economía, non se colocan as parénteses en dous casos:

- Cando a operación principal é a implicación ou a coimplicación, xa que estes conectores teñen prioridade sobre o resto.

- Cando nunha fórmula se repite a mesma conectiva se se trata dunha conxunción ou dunha disxunción. Neste caso, a orde das operacións non altera o resultado.

Unha vez definidos os diferentes signos e símbolos utilizados na lóxica proposicional debemos definir as súas regras.

Regras de formación

As regras de formación son as que nos permiten recoñecer as fórmulas ben formadas para o cálculo de proposicións. Estas regras forman parte da sintaxe da lóxica proposicional. As máis importantes son:

- Se «p» é unha fórmula ben formada, «¬p» tamén é unha fórmula ben formada.

- Se «p» e «q» son fórmulas ben formadas, «p ∧ q», «p ∨ q», «p → q» e «p ↔ q» tamén son fórmulas ben formadas.

◈ As conectivas

Aínda que existen 20 conectivas (16 conectivas diádicas e 4 conectivas monádicas), as 5 conectivas máis usadas son:

¬: negación (non)
∧: conxuntor (e)
∨: disxuntor (ou)
→: condicional (se ..., entón ...)
↔: bicondicional (se e só se ..., entón ...)

Unha conectiva é monádica cando afecta só a unha proposición (sexa simple ou composta); pola súa banda, unha conectiva é diádica cando enlaza dúas proposicións (simples ou compostas). Conectiva monádica é o negador; diádica, o resto das conectivas que imos ver: conxuntor, disxuntor, condicional e bicondicional.

> **Negador:** É unha conectiva monádica, é dicir, afecta a unha soa proposición (sexa simple ou composta), simbolízase «¬», lese «non» e cambia o valor de verdade da proposición á que afecta.

Se representamos nunha táboa de verdade os seus valores posibles teremos:

P	¬p	
1	0	Verdadeiro = 1
0	1	Falso = 0

Poñamos un exemplo. Se denominamos «p» ao enunciado «esta noite irei ao cinema», «¬p» sería «esta noite non irei ao cinema» ou «non é verdade que esta noite vaia ao cinema».

Conxuntor: É unha conectiva diádica, é dicir, afecta polo menos a dúas proposicións (sexan simples ou compostas) que dá como resultado unha proposición composta que só é verdadeira cando son verdadeiras as proposicións que a forman. Lese «e» e simbolízase «∧».

Se denominamos «p» ao enunciado «esta noite irei ao cinema», e «q» ao enunciado «esta noite cearei pizza», entón «p ∧ q» será «esta noite irei ao cinema e cearei pizza».

A proposición «p ∧ q» só é verdadeira cando as dúas proposicións atómicas, «p» e «q», son verdadeiras.

Vexámolo nunha táboa de verdade:

P	q	p ∧ q
1	1	1
1	0	0
0	1	0
0	0	0

Disxuntor: É unha conectiva diádica que dá como resultado unha proposición composta, que é verdadeira cando polo menos é verdadeira unha das dúas proposicións que a forman. Lese «ou» e simbolízase «∨».

Por utilizar o exemplo anterior, «p ∨ q» sería «esta noite irei ao cinema ou cearei pizza». Para que ese enunciado fose verdade bastaría con que pola noite «fose ao cinema» ou «cease pizza», non faría falta que fixese as dúas cousas. A súa táboa de verdade sería:

P	q	p ∨ q
1	1	1
1	0	1
0	1	1
0	0	0

Como vemos, o enunciado «p ∨ q» é falso só cando ambas proposicións atómicas, «p» e «q», son falsas.

Condicional: É unha conectiva diádica que dá como resultado unha proposición composta que só é falsa cando o antecedente é verdadeiro e o consecuente é falso, resultando verdadeira no resto dos casos. Lese «se ... entón» e simbolízase «→»

Na expresión «p → q» (se p, entón q), «p» é o antecedente, sendo «q» o consecuente.

Expliquémolo cun exemplo:

p: «aprobo o curso»

q: «os meus pais regalaranme un Ipad»

«p → q»: «se aprobo o curso, os meus pais regalaranme un Ipad».

Vexamos a súa táboa de verdade:

p	q	p → q
1	1	1
1	0	0
0	1	1
0	0	1

Se a proposición «p → q» fose unha promesa dos nosos pais, en que casos poderiamos dicir que os nosos pais menten? Só no caso de que nós cumprísemos nosa parte do trato (aprobar), pero eles non cumprisen a súa (regalarnos o Ipad). Se nos regalan un Ipad aínda cando suspendésemos, realmente eles non incumprirían a súa promesa, pois nos dicían que farían no caso de que aprobásemos, non no caso de que suspendésemos.

O condicional só é falso cando, sendo o antecedente verdadeiro, o consecuente é falso. Nos demais casos é verdadeiro.

> **Bicondicional:** É unha conectiva diádica que dá como resultado unha proposición composta que é verdadeira cando teñen o mesmo valor de verdade as dúas proposicións atómicas que a forman. Lese «se e só se» e simbolízase «p↔ q» (se e só se «p», entón «q»).

Se tomamos o exemplo anterior, «se e só se aprobo o curso os meus pais regalaranme un Ipad». Neste caso si se afirma que os meus pais regalaranme un Ipad só no caso de que aprobase, por iso o enunciado é falso se «p» é falso e «q» é verdadeiro, pero non no caso de que tanto «p» como «q» sexan falsos. Vexamos a táboa de verdade:

p	q	p ↔ q
1	1	1
1	0	0
0	1	0
0	0	1

◈ Táboas de verdade

Ao operar con proposicións atómicas obtivemos proposicións moleculares, coas cales tamén poderiamos operar dando lugar a enunciados verdadeiramente complexos. Unha forma de traballar con estes enunciados é utilizando as táboas de verdade.

Partindo das táboas de verdade das conectivas é posible establecer a táboa de verdade de calquera fórmula complexa. Para iso basta con descompoñer a fórmula en elementos máis simples e operar con eles.

Pero como se constrúe a táboa de verdade? Tan só fai falta seguir os seguintes pasos:

1) Calcúlase o número de combinacións posibles entre as proposicións simples atómicas que aparecen no enunciado (sempre serán 2^n). Así, se hai 2 premisas, o número de combinacións posibles será 4, se existen 3 premisas haberá 8 combinacións, se hai 4 premisas serán 16 as combinacións.

2) Asignamos valores de verdade ás proposicións atómicas, tendo en conta o que dixemos anteriormente:

Se temos dúas proposicións, e dado que cada unha delas pode ser verdadeira (1) ou falsa (0), entón as combinacións posibles son:

p	q
1	1
1	0
0	1
0	0

O número de combinacións posibles é, como dixemos, 2^n, sendo n o número de proposicións simples ou atómicas.

Con todo, se temos 3 proposicións, as combinacións posibles serían 8 (2^3):

p	q	r
1	1	1
1	1	0
1	0	1
1	0	0
0	1	1
0	1	0
0	0	1
0	0	0

O modo máis fácil de combinar os valores de verdade das proposicións que integran calquera fórmula consiste en asignarlle á 1.ª proposición por orde alfabética a metade de 1 e a metade de 0; á seguinte, a metade da metade de 1, a metade da metade de 0, e o mesmo na outra metade; á seguinte, a metade da metade da metade de 1, a metade da metade da metade de 0, e seguimos así ata completar as combinacións posibles da fórmula.

Imaxinemos a fórmula: «(p ∧ ¬q) → ¬(¬ p ∨ q)»

Como o número de proposicións simples son 2, «p» e «q», as combinacións posibles son 4.

3) Opérase como en matemáticas, por orde e sempre realizando en primeiro lugar as operacións entre parénteses, salvo a negación de proposicións atómicas, que se realizan en primeiro lugar. Exemplo: (p ∧ ¬q) → ¬(¬ p ∨ q)

Como no enunciado aparecen «¬p» e «¬q» (na segunda paréntese), establecemos o valor de ¬p

p	q	¬p	¬q	
1	1	0	0	Como se ve, «¬p» adquire o valor oposto ao de «p», e «¬q», os valores opostos a «q»
1	0	0	1	
0	1	1	0	
0	0	1	1	

A continuación calculamos o valor das operacións entre parénteses, en primeiro lugar «(p ∧ ¬q)»

p	q	¬q	p ∧ ¬q
1	1	0	0
1	0	1	1
0	1	0	0
0	0	1	0

Posteriormente calculamos o valor de «(¬ p ∨ q)»

p	q	¬p	¬p ∨ q
1	1	0	1
1	0	0	0
0	1	1	1
0	0	1	1

A continuación establecemos o valor de «¬(¬p ∨ q)»

¬ p ∨ q	¬ (¬ p ∨ q)
1	0
0	1
1	0
1	0

Por último operamos os dous parénteses: «(p ∧ ¬q) → ¬(¬ p ∨ q)»

p ∧ ¬q	¬ (¬ p ∨ q)	(p ∧ ¬q) → ¬(¬ p ∨ q)
0	0	1
1	1	1
0	0	1
0	0	1

No caso de que non haxa paréntese, ou unha vez resolto este, debemos ter en conta que non todos os conectores teñen a mesma forza ou xerarquía. Do mesmo xeito que en matemáticas a multiplicación ou división teñen prioridade sobre a suma ou a resta (3 + 4 x 2= 3 + 8 = 11), en lóxica os conectores condicional e bicondicional teñen prioridade sobre o conxuntor e o disxuntor —no caso «p ∧ q → r», debe realizarse coma se fose «p ∧ (q → r)», é dicir, debe realizarse en primeiro lugar a operación «q → r»—.

En realidade, para simplificar, pódese e débese resolver todo o enunciado nunha única táboa, seguindo os seguintes pasos:

1. danse valores de verdade ás proposicións simples.

2. resólvense as negacións das proposicións simples.

3. solucionanse as proposicións menos complexas (entre parénteses).

4. resólvense as negacións das fórmulas moleculares.

5. resólvense as operacións moleculares.

p	q	¬p	¬q	p ∧ ¬q	¬ p ∨ q	¬ (¬ p ∨ q)	(p ∧ ¬q) → ¬(¬ p ∨ q)
1	1	0	0	0	1	0	1
1	0	0	1	1	0	1	1
0	1	1	0	0	1	0	1
0	0	1	1	0	1	0	1

Ao facer a táboa de verdade de calquera fórmula podémonos atopar con tres casos: que a táboa de verdade da fórmula só teña 1, que só teña 0, e que teña 1 e 0. Denomínanse do seguinte xeito.

- **Tautoloxía:** É unha fórmula sempre válida, sexan cales sexan os valores de verdade das proposicións que a integran. É dicir, é unha fórmula cuxa táboa de verdade final só ten uns (1).

- **Contradición:** É unha fórmula non válida nunca, sexan cales sexan os valores de verdade das proposicións que a integran. É dicir, é unha fórmula cuxa táboa de verdade final só ten ceros (0).

- **Indeterminación ou continxencia:** É unha fórmula que pode ser válida ou non, en función dos valores de verdade das proposicións que a integran. É dicir, é unha fórmula cuxa táboa de verdade final ten uns (1) e ceros (0), non importa en que proporción.

No caso da táboa que realizamos, o resultado é unha tautoloxía porque, independentemente dos valores de «p» e «q», o resultado sempre é verdadeiro (só aparece o valor «1»).

A lóxica como ferramenta de clarificación e análise

A análise realizada ao longo desta parte permitiunos explorar o papel fundamental da lóxica como ferramenta para organizar e clarificar o pensamento. Desde a lóxica siloxística ata a lóxica proposicional, percibimos como a estrutura do linguaxe formaliza e expresa as relacións racionais entre ideas. Partindo das contribucións de Frege, Russell e Wittgenstein, resaltouse a lóxica como un instrumento para delimitar os límites do sentido, establecer criterios de validez e facilitar a análise conceptual.

A lóxica siloxística, herdada de Aristóteles, serviu para poder entender como funcionan as inferencias dedutivas, e aclarou especialmente como se organizan os argumentos que se basean en relacións de categorías. Pola súa parte, a lóxica proposicional baseouse en analizar as distintas relacións entre proposicións usando para iso conectores lóxicos e táboas de verdade. Conseguiu dese xeito establecer criterios claros de validez formal é fundamental, tanto na filosofía como nas ciencias exactas e computacionais.

Como dixemos anteriormente, pese a que a lóxica proposicional se centra na análise de estruturas e a lóxica siloxística nas categorías, ambas non son excluíntes, pois aportan distintos camiños co mesmo obxectivo final, clarificar o pensamento. De feito, que sexan enfoques diversos supón que a lóxica non é un sistema ríxido, senón unha disciplina que evolucionou ao longo da historia para poder dar conta das problemáticas novas que foron xurdindo.

A lóxica máis contemporánea introduciu sistemas aínda máis complexos para poder dar conta de asuntos relacionados coa continxencia ou necesidade de determinadas relacións, a incerteza dalgunhas delas ou o problema da súa cuantificación. Disto se ocupan as lóxicas modais, difusas e de predicados. Dese modo, conseguen ir alén das estruturas clásicas, tentando non quedar atrás respecto a unha sociedade cada vez máis tecnolóxica e interconectada.

Por iso na sociedade contemporánea a lóxica segue a ser unha ferramenta fundamental, xa que mantén a súa aplicación tanto en linguaxes de programación como en sistemas de intelixencia artificial. Do mesmo modo, as análises feitas a partir do uso de siloxismos continúan estando presentes no ámbito do dereito, a argumentación e a análise retórica.

Non obstante, o desenvolvemento tecnolóxico e os avances na intelixencia artificial supuxeron unha apertura a novas problemáticas non presentes ata a época contemporánea, que precisan que a lóxica continúe a adaptarse para poder facerse cargo de sistemas cada vez máis dinámicos, mesmo ambiguos, como aqueles propios das lóxicas difusas.

Un avance crucial na lóxica aplicada veu da man de Alan Turing, quen, na súa obra *On Computable Numbers* (1936), formulou o concepto de *máquina de Turing*. Este modelo teórico describe un dispositivo capaz de realizar calquera cálculo computable mediante unha serie de regras precisas e finitas. A máquina de Turing sentou as bases da computación moderna e permitiu formalizar o concepto de algoritmo, vinculando así a lóxica coas ciencias da información.

Turing tamén abordou o problema da decidibilidade, preguntándose se é posible determinar mecanicamente a verdade ou falsidade de calquera proposición nun sistema formal. A súa conclusión, baseada no traballo de Gödel, a quen veremos a continuación, revelou os límites inherentes aos sistemas formais, pero tamén abriu novas posibilidades para automatizar procesos lóxicos.

Esta formulación aplicouse moi especialmente no desenvolvemento da intelixencia artificial (IA). No seu famoso *Test de Turing* (1950) exploráronse os límites a partir dos cales unha máquina pode considerarse como indistinguible dun humano en base aos seus comportamentos intelixentes. Este experimento de Turing anticipou algúns dos debates contemporáneos máis relevantes actualmente sobre a mente artificial, a aprendizaxe automática e a lóxica aplicada á programación.

Por iso a lóxica computacional, que se desenvolveu a partir da obra de Turing, segue a ser fundamental para os algoritmos modernos e a análise masiva de datos *(big data)*, o que non a relega dos problemas actuais máis complexos.

Así mesmo, como mencionamos anteriormente, a lóxica moderna e contemporánea debe moito ás contribucións de Frege, Russell e Wittgenstein. En canto ao primeiro deles, Gottlob Frege (1848–1925), a súa distinción entre sentido *(Sinn)* e referente *(Bedeutung)*, acabou sendo fundamental para as teorías do significado revolucionando a semántica e a análise conceptual. A partir de Frege non se pode obviar que todo significado está englobado por un sentido, de carácter mental ou psicolóxico; e un referente, elemento con implicacións ontolóxicas, é dicir, que apunta cara o que hai, cara ao que existe. Frege tamén estableceu o «principio de sustituibilidade *salva veritate*», no que se afirma que a substitución dun elemento dunha oración por outro que teña o mesmo referente non altera a referencia do todo e, consecuentemente, tampouco o seu valor de verdade. O traballo de Frege foi fundamental á hora de valorar o que posteriormente foi a semántica formal e a análise de linguaxe.

Pola súa parte, Russell, coa súa teoría das descricións conseguiu dar alternativas para a resolución de paradoxos lóxicos, e na súa magna obra *Principia Mathematica* — escrita xunto a Whitehead— pretendeu solucionar o problema da fundamentación das matemáticas recorrendo á lóxica. Consideraron que a lei de non contradición e as leis de implicación podían adquirir a consideración de obxectivas e indubidables. Mais será o propio Russell quen finalmente acabe por recoñecer que fracasaron no seu propio propósito de fundamentación da matemática na lóxica. Non obstante, a súa teoría das descricións permitiu considerar que tanto os nomes como as expresións descritivas poden ser analizados formalmente para evitar ambigüidades.

Wittgenstein, como xa vimos, no *Tractatus Logico-Philosophicus* baseouse na visión da lóxica como espello da estrutura do mundo, levando consigo este enfoque a consideración de límites para o dicible e o que non se pode dicir, e polo tanto, na relación entre linguaxe e realidade. Posteriormente seguiu outro camiño na súa segunda gran obra, *Investigacións Filosóficas*, onde renegou das conclusións do *Tractatus* para defender unha teoría dos xogos de linguaxe, amosando como o significado está vinculado ao uso práctico e aos contextos nos que o falante se desenvolve.

Influído polo chamado 2º Wittgenstein, J.L. Austin (1911–1960), na obra *Facer cousas con palabras*, distinguiu entre as expresións lingüísticas cuxo obxectivo é a simple descrición do mundo, e aquelas que son quen na súa expresión de realizar accións por si soas. Ás primeiras chamounas enunciados constatativos, que informan sobre feitos, describen o mundo, mentres que ás segundas denominounas enunciados performativos, que no momento mesmo de ser pronunciados realizan unha acción, como por exemplo, prometer, casar ou botar un barco.

A análise de Austin foi desenvolvida, na mesma liña, por John Searle (1932–), quen conseguiu ampliar as ideas de Austin. Na súa obra *Actos de fala* asumiu que as intencións de comunicación dun falante, así como as asuncións feitas polo seu contexto social, acaban sendo o relevante na consideración dun enunciado, que é dependente deles. Así, a intencionalidade é entendida por Searle como a capacidade que ten a mente para referirse a obxectos e estados do mundo, o que así mesmo estrutura tanto o significado lingüístico como a interpretación que se pode facer do mesmo.

Estas perspectivas amplían a lóxica máis aló da análise formal, explorando as súas aplicacións na comunicación e na interpretación. Mostran como a linguaxe non só describe, senón que tamén crea realidades sociais e culturais, destacando a dimensión pragmática do significado.

Concluíndo, a lóxica, lonxe de ser unha disciplina abstracta e afastada da realidade, revela a súa utilidade práctica como instrumento para o pensamento rigoroso, a clarificación conceptual e a análise crítica. A súa evolución desde Aristóteles ata a lóxica contemporánea amosa un proceso continuo de refinamento e expansión, mantendo sempre o seu obxectivo fundamental: garantir a coherencia e validez do discurso racional.

Este percorrido pola lóxica non só nos axuda a comprender mellor os fundamentos do razoamento humano, senón que tamén nos prepara para abordar os retos intelectuais do futuro cunha base sólida e estruturada. Porén, como calquera disciplina formal, a lóxica tamén enfronta límites inherentes que merecen ser examinados. Esta cuestión será tratada no vindeiro capítulo, dedicado aos límites e posibilidades da lóxica.

Os límites da lóxica e a racionalidade

Seguimos avanzando na consideración de que a lóxica é unha ferramenta fundamental para clarificar o pensamento, e así mesmo para estruturar axeitadamente os argumentos e avaliar, ao mesmo tempo, a validez das inferencias. Dende Aristóteles ata a lóxica proposicional e simbólica, analizouse formalmente o discurso racional co obxectivo de poder clarificalo e mellorar a súa expresión. Porén, a lóxica tamén enfronta limitacións inherentes cando se aplica a aspectos do pensamento humano que exceden a estrutura formal e simbólica.

A continuación, exporemos algúns dos límites da lóxica como instrumento para abarcar a totalidade da experiencia racional e irracional, pois por moi poderosa que sexa como ferramenta, amosarase incapaz de facerse cargo da totalidade do pensamento humano, ao conter este, como puidemos comprobar, dimensións que exceden a racionalidade e, por tanto, toda teoría do significado ou argumentación.

Vimos como tanto a lóxica aristotélica como a proposicional eran quen de analizar inferencias dedutivas, establecendo conexións entre proposicións, baseadas en argumentos racionais. Non obstante, teñen dificultades para tratar algúns conceptos. En primeiro lugar, cuestións como o cambio e movemento, tratados desde Aristóteles, non conseguen ser un tema fecundo na lóxica, ao centrarse esta en categorías fixas, que non permiten describir procesos dinámicos ou transformacións continuas. Por iso Aristóteles desenvolve todo o seu tratamento do cambio, como vimos, na *Física* e non no *Organon*.

En segundo lugar, cuestións que traten sobre a posibilidade, necesidade ou continxencia requiren lóxicas modais, que estenden os límites da lóxica clásica. A lóxica modal foi iniciada polo mesmo Aristóteles, distinguindo no *Organon*, no libro «Sobre la interpretación», entre o necesario, o posible, o continxente e o imposible; pero o tratamento que fai de devanditas cuestións é máis ontolóxico que lóxico. Dentro da tradición aristotélica, as modalidades aluden ás proposicións e aos feitos asociados coas ambigüidades do discurso. De todas formas, o estudo da modalidade non se limitou á lóxica, senón que as súas consideracións foron reinterpretadas pola lingüística e a filosofía da linguaxe. Na actualidade, un dos atributos máis notables da lóxica contemporánea é a aparición dunha diversidade considerable de lóxicas non clásicas, dedicadas ao exame dunha modalidade específica. Estas lóxicas distínguense pola súa subversión dalgún principio ou característica da lóxica clásica.

Por último, a lóxica proposicional, como vimos, é binaria, centrada nos valores verdadeiro ou falso, e polo tanto, non resolve problemas que involucren ambigüidade, incerteza ou gradación. De aí o xurdimento da lóxica difusa.

Ademais, a lóxica tradicional asume unha correspondencia directa entre linguaxe e realidade, o que foi negado, como vimos, por autores como Wittgenstein, quen no *Tractatus* cuestionaba os límites daquilo que pode ser analizado loxicamente, deixando fóra ámbitos tan fundamentais para a experiencia humana como a ética ou a metafísica. Ao centrarse en cuestións formais non pode tratar aspectos que para moitos autores son os verdadeiramente importantes da vida humana, como a liberdade, a experiencia da beleza ou o sentimento relixioso. Por iso, cando Aristóteles os abordou non o fixo dun punto de vista estritamente lóxico.

Vimos noutros momentos do noso percorrido que autores como Pascal ou Kierkegaard subliñaban que hai realidades existenciais e relixiosas que só poden abordarse mediante a fe, fóra da racionalidade lóxica. Tratamos tamén a obra de Rudolf Otto, quen afirmaba que a experiencia que permitía o *numinoso*, o asombro e misterio ante o divino, era crucial precisamente porque se caracterizaba tanto polo temor como pola fascinación, fuxindo de toda posible análise lóxica, manténdose máis ben como fenómeno irracional, no sentido de estar alén da razón.

Mesmo dentro da lóxica contemporánea, sistemas alternativos como a lóxica intuicionista recoñecen que certas verdades dependen da construción mental e non de feitos obxectivos. Isto pon de manifesto que a lóxica formal, aínda que útil, non esgota as formas de coñecemento posibles.

Este recoñecemento das limitacións da lóxica clásica e das alternativas propostas para abordar cuestións de vaguidade e incerteza pon de manifesto que, aínda que a lóxica segue sendo unha ferramenta poderosa, os seus fundamentos tamén se enfrontaron a cuestións irresolubles desde as súas formulacións internas. Neste sentido, os paradoxos e os resultados de incompletude revelaron límites estruturais nos sistemas lóxicos, obrigando a reconsiderar as aspiracións de completude e consistencia inherentes á lóxica formal.

No inicio do século XX, Bertrand Russell puxo en evidencia un problema fundamental na lóxica e na matemática ao formular o seu famoso paradoxo, como deixamos só mencionado anteriormente, e que é acaído explicar polo miúdo a continuación. Este paradoxo xorde no contexto da teoría de conxuntos e pode formularse así: dado o conxunto de todos os conxuntos que non se conteñen a si mesmos, podemos afirmar que este se contén a si mesmo?

Se o conxunto se contén a si mesmo, entón non debería estar na lista dos que non se conteñen a si mesmos. Pero se non se contén a si mesmo, entón debería estar na lista. Esta contradición revelou unha falla estrutural na teoría de conxuntos formulada por Frege, cuestionando os fundamentos lóxicos e matemáticos.

Para resolver este problema, Russell propuxo a *teoría de tipos*, que introduce restricións xerárquicas para evitar a formación de conxuntos autoinclusivos. Esta solución, presentada en *Principia Mathematica* (1910), marcou un fito na lóxica matemática ao intentar reconstruír os fundamentos das matemáticas sobre bases máis sólidas.

A «teoría simple de tipos» prohibe que unha propiedade se aplique a si mesma e establece unha xerarquía de niveis ou tipos; a «teoría ramificada» establece distintas ordes dentro do mesmo tipo lóxico e prohibe que un predicado xeral se aplique con igual sentido a distintas ordes. Segundo esta teoría, non se permiten outras expresións sobre clases que aquelas que nomean clases cuxos membros son dunha orde inmediatamente inferior á clase a que pertencen. Así, non existe unha clase cuxos membros sexan clases e, polo mesmo, os membros dunha clase (de individuos) non son senón individuos, e de ningún xeito clases. Pero existe a familia de clases cuxos membros son clases. A teoría, ao distinguir distintos niveis de tipos de predicado, permite evitar as contradicións de determinados paradoxos. Ao dicir «a clase das clases cuxos membros non son membros de si mesmas é membro de si mesma» non facemos senón construír mal unha frase, que non resulta nin verdadeira nin falsa, senón unha frase sen sentido.

En todo caso, isto tivo implicacións filosóficas moi importantes, ao amosar que os sistemas lóxicos non estaban libres de contradicións internas, xerando unha crise de confianza na capacidade da lóxica formal para ofrecer fundamentos universais e seguros. Na mesma medida, preparou o terreo para desenvolvementos posteriores, como os teoremas de incompletude, que demostraron limitacións inherentes á lóxica formal.

Tales teoremas foron formulados por Kurt Gödel (1906–1978), quen demostrou a incompletude dos sistemas axiomáticos da aritmética elemental, é dicir, demostrou que en todo sistema deste tipo existían proposicións indecidibles, isto é, proposicións que non poden ser demostradas nin refutadas dentro do sistema mesmo. Tal é o afamado «teorema de Gödel», no que se afirma que todo sistema de axiomas que sexa consistente e capaz de incluír a teoría formal da aritmética é necesariamente incompleto; devandito sistema de axiomas contén algún teorema que, a pesar de ser verdadeiro, non pode deducirse do sistema. Ademais, Gödel demostrou a imposibilidade de demostrar a consistencia interna de tales sistemas —salvo empregando principios de inferencia tan complexos que a súa propia consistencia sería igualmente dubidosa—. É o segundo teorema de Gödel, complementario do primeiro, no que se afirma que non é posible probar a consistencia dun sistema formal da aritmética só cos medios que devandito sistema proporciona; non sendo a consistencia un teorema do sistema, ha de probarse desde fóra do sistema.

Estes resultados tiveron un impacto devastador nas aspiracións da lóxica e das matemáticas para construír sistemas completos e autosuficientes. Pois demostrouse que ningún sistema pode captar toda a verdade matemática, recoñecendo así a existencia de límites insalvables. Do mesmo xeito, cuestionouse a obxectividade matemática, xa que a idea de que a matemática é unha construción humana suxeita a limitacións estruturais e lóxicas non aparece ata despois do traballo de Gödel. Por último, como consecuencia, confrontouse a visión mecanicista do coñecemento, obrigando a considerar enfoques máis flexibles e contextuais.

O paradoxo de Russell e os teoremas de Gödel puxeron en evidencia que a lóxica formal non pode garantir unha representación total e infalible da realidade. Este feito ten profundas implicacións. É unha crítica ao racionalismo clásico, ao confrontar a idea de que a razón humana pode alcanzar coñecementos universais e completos mediante sistemas formais. Do mesmo xeito, representa unha apertura cara á pluralidade, pois promove enfoques máis dinámicos e contextuais, nos que o coñecemento se entende como incompleto, revisable e plural. Por último, vincúlase co pensamento posmoderno, a crítica aos grandes relatos e a aceptación da fragmentación do sentido, recoñecendo a diversidade de perspectivas e enfoques.

O estudo dos paradoxos e dos límites inherentes á lóxica formal mostra que esta, lonxe de ser un sistema pechado e definitivo, é un campo en continua evolución. As tensións reveladas por Russell e Gödel impulsaron o desenvolvemento de novas lóxicas e abriron espazos para repensar a relación entre razón, verdade e linguaxe.

Estas reflexións dialogan coas críticas epistemolóxicas e posmodernas examinadas na segunda parte do libro, destacando a necesidade de combinar rigor formal e apertura interpretativa. Así, a lóxica continúa sendo unha ferramenta indispensable, pero debe ser complementada por enfoques que recoñezan os seus límites e posibilidades.

Vemos, pois, como a lóxica clásica e moderna ofrece instrumentos imprescindibles para a análise do pensamento racional. Con todo, os seus límites resaltan a necesidade de recoñecer outras formas de coñecemento e comprensión. A emerxencia de lóxicas alternativas e o recoñecemento de dimensións irracionais no pensamento humano indican que a lóxica, máis que un sistema pechado, é unha disciplina en constante evolución.

Esta perspectiva aberta non diminúe a importancia da lóxica tradicional. Ao contrario, enriquece a súa aplicación ao situala dentro dun marco máis amplo onde conviven razón, experiencia e intuición.

Epílogo: A lóxica como ferramenta do pensamento filosófico

A terceira parte desta obra propuxo o desenvolvemento dun percorrido polas teorías fundamentais e os avances da lóxica, desde as súas orixes na siloxística aristotélica ata as formulacións contemporáneas. A partir deste estudo puidemos comprobar como a lóxica desempeña un papel fundamental na estruturación do pensamento e na avaliación da validez dos argumentos.

Estudamos a lóxica siloxística de Aristóteles, quen deviu un autor fundamental, tamén nesta parte do libro, ao definir os principios fundamentais do razoamento dedutivo. Aristóteles, co seu tratamento dos siloxismos e a súa iniciación da lóxica modal, converteuse na base das análises estruturadas en función do estudo das inferencias necesarias, e foi decisivo en todo o desenvolvemento do pensamento occidental.

Non obstante, na idade contemporánea, vimos como o dominio transitaba cara á lóxica proposicional e predicativa, especialmente desenvolvida a partir das teses de Frege, Russell e Wittgenstein. Esta transición fixo posible a completa formalización do discurso e a análise rigorosa da estrutura das proposicións e as distintas interrelacións entre as mesmas, conseguíndose converter nun marco moi preciso tanto para a investigación filosófica como para a matemática.

Unha das achegas máis notables da lóxica contemporánea foi a concepción da linguaxe como un sistema formal. Esta visión, apoiada por pensadores como Wittgenstein, avanzou na consideración de que a lóxica non soamente interpreta os enunciados, senón que tamén establece cales son as normas para a súa validez e para que podan ser construídos como tales.

A diferenciación entre veracidade e validez foi fundamental, así mesmo, para previr equívocos entre o contido empírico das aseveracións e a coherencia formal dos comentarios. Adicionalmente, esta análise propiciou o xurdimento das linguaxes artificiais e a computación, levando consigo a evidencia de que a lóxica podía aplicarse máis aló do ámbito estritamente filosófico.

Finalmente, reflexionamos sobre os distintos límites da lóxica, en tanto paradigma do pensamento racional. Os paradoxos, tales como os expostos por Russell e os teoremas de incompletude propostos por Gödel, evidenciaron que a lóxica formal, a pesar de ser un instrumento potente, non pode abranguer a totalidade da complexidade da realidade nin abordar todas as cuestións filosóficas.

O exame destes límites posibilitou a identificación de que un sistema, aínda que aspire á autosuficiencia, ten que complementarse con enfoques alternativos. Os paradoxos propostos por Russell revelaron contradicións internas nos fundamentos da teoría de conxuntos, mentres que os teoremas propostos por Gödel evidenciaron a incapacidade de xerar sistemas formais completos e consistentes simultaneamente. Estas inferencias propiciaron o desenvolvemento de lóxicas alternativas, entre as cales cabería mencionar a lóxica difusa, e tamén outro tipo de lóxicas como a intuicionista ou as lóxicas paraconsistentes. Estas tentan tratar cos problemas derivados da incerteza e a ambigüidade, mantendo vivo o enfoque lóxico.

Non obstante, esta crise de fundamentos impulsou tamén progresos nos campos da informática e a intelixencia artificial, xa que dalgún xeito axudou a que a lóxica saíse fóra do contexto filosófico e se centrase noutro tipo de aplicacións. Neste sentido, as achegas de Turing e a formalización das linguaxes artificiais ilustran de que modo as dificultades teóricas poden chegar a funcionar como catalizadoras de posteriores innovacións tanto no ámbito tecnolóxico como no metodolóxico.

Quizais o feito de recoñecer os límites da lóxica nos leve de volta á reconsideración doutro tipo de enfoques, moitos deles vistos ao longo deste libro, que profundan, por exemplo, na interpretación e na experiencia subxectiva. De feito, a unión destas perspectivas, que asumen a importancia das cuestións metafísicas, a evolución dos enfoques epistemolóxicos, e a validez de moitas das ferramentas lóxicas posibilitan unha experiencia profunda e desde logo moi matizada de todas as cuestións relativas ao ser, o coñecemento e a veracidade.

A lóxica, tal como se examinou nesta terceira parte, manifestouse como un instrumento fundamental para a clarificación conceptual e a avaliación da validez dos argumentos.

Desde a filosofía de Aristóteles ata os avances contemporáneos, esta disciplina proporcionou os fundamentos para a estruturación do pensamento e a formulación de criterios rigorosos de análises.

Con todo, os límites expostos pola propia lóxica lembráronos que a razón non logra abarcar a totalidade do real. Este recoñecemento incita a continuar indagando en novas perspectivas filosóficas que complementen o traballo analítico, proporcionando espazos para a interpretación e a creatividade.

Por tanto, dalgún modo, a lóxica persiste como unha disciplina aberta e en constante evolución, cuxos límites, en lugar de ser limitacións, actúan como portais para novas oportunidades filosóficas. Este epílogo conclúe a nosa indagación sobre a lóxica e capacítanos para enfrontar as emerxentes fronteiras do pensamento filosófico.

CONCLUSIÓNS FINAIS

FILOSOFÍA, SABER E PERSPECTIVA CRÍTICA

Ao longo destas páxinas puidemos trazar un percorrido profundo, que foi realizado a partir da estruturación de tres eixes fundamentais do pensamento filosófico: a metafísica, a lóxica e a teoría do coñecemento. Cada unha destas partes desenvolveuse coa pretensión de presentar os interrogantes fundamentais que, lonxe de estar resoltos, continúan a ter relevancia nos debates filosóficos da idade contemporánea. A seguir, sintetizamos os principais aportes de cada sección.

A primeira parte puxo de manifesto as grandes preguntas sobre a natureza do ser e da realidade, presentando as perspectivas máis clásicas e as rupturas filosóficas máis recentes. Por exemplo, estudáronse autores como Parménides, Platón, Aristóteles ou Tomé de Aquino —por nomear soamente os máis relevantes da antigüidade—, a través dos cales puidemos reflexionar sobre as relacións entre esencia e existencia, substancia e cambio, ou ser e un. Vimos como na Grecia antiga, os seus pensamentos sobre a tensión entre a permanencia e o devir ou entre o ser como estabilidade e o ser como transformación, chegaron a posibilitar unha posterior evolución e transformación deles na filosofía medieval.

Posteriormente, estudamos grazas a Spinoza, Hegel, Nietzsche e Heidegger, as distintas críticas ás concepcións tradicionais e como estes autores, lonxe de quedarse simplemente na parte crítica da filosofía, realizan novas propostas para entender o ser como proceso de cambio, como forza activa ou como horizonte de sentido. Nietzsche, por exemplo, propuxo unha crítica radical á filosofía tradicional pero propuxo asemade unha ontoloxía dinámica, baseada en conceptos con consideracións novas, inda que baseados en tradicións antigas non dominantes. Do mesmo xeito, Heidegger reformulou a pregunta polo ser en termos existenciais e temporais, reinterpretando e deconstruindo a tradición filosófica occidental para poder abrir novos enfoques das cuestións sen resolver.

Ademais, no libro tratáronse temáticas específicas como a distinción entre inmanencia e transcendencia, ou as relacións entre esencia e existencia, destacando a continuidade destas preguntas na reflexión contemporánea. Estas discusións permitiron situar os problemas metafísicos non só como cuestións abstractas, senón como interrogantes profundamente vinculados coa experiencia humana e coa busca de significado.

A segunda parte centrouse nas preguntas sobre o coñecemento: é posible coñecer a realidade? Cal é o fundamento da verdade? A través do estudo de autores como Descartes, Leibniz, Hume e Kant, investigamos as bases do saber humano, a relación entre experiencia e razoamento, e os elementos *a priori* que estruturan o coñecemento.

Prestamos especial atención a Kant, facendo del o capítulo central da parte. Isto respondeu á convicción de que a *Crítica da razón pura* conseguiu non só analizar o que Kant denominou condicións transcendentais do coñecemento, senón tamén establecer os límites da razón, quizais por primeira vez de xeito explícito. A súa distinción entre fenómenos e noúmenos marcou un punto de inflexión na epistemoloxía, influíndo decisivamente nas correntes posteriores.

Tamén consideramos perspectivas contemporáneas, transitando desde a fenomenoloxía de Husserl ata a hermenéutica de Gadamer e a posmodernidade de Vattimo e Lyotard. Estes enfoques foron un activo, ao facerse cargo de conceptos como a interpretación, a historicidade e a pluralidade de perspectivas, que deviron decisivos.

Outro capítulo especialmente profundo e desenvolvido con extensión foi o dedicado ao tema da verdade. Nel expuxemos as diversas concepcións de verdade, entre elas a correspondencia, a coherencia, o pragmatismo ou perspectivismo, para poder comprender mellor, en liña co anterior, a pluralidade de enfoques e debates que continúan abertos hoxe en día. Agora ben, a análise da verdade non só tratou das súas dimensións lóxicas e epistemolóxicas, senón tamén do desenvolvemento que esta noción tivo nas ciencias matemáticas e nas ciencias empíricas. Así mesmo prestouse atención a como esta cuestión entronca actualmente coa problemática do relativismo e a multiplicidade de discursos.

Por outra parte, as perspectivas posthumanistas e ecoloxistas foron tratadas, ao formular explicitamente a necesidade de reconsiderar non só os presupostos filosóficos tradicionais senón tamén os fundamentos lóxicos do pensamento. Ao cuestionar as divisións entre suxeito e obxecto ou entre natureza e cultura, estas correntes propoñen modos alternativos de organizar e interpretar o coñecemento. Así, a lóxica vese como unha ferramenta formal para a análise do razoamento, que tamén pode constituírse como un sistema aberto, en evolución en función precisamente da complexidade do mundo contemporáneo, en constante transformación.

A terceira parte, neste sentido, analizou as ferramentas formais que permiten estruturar e avaliar o pensamento humano. Desde a lóxica aristotélica ata a lóxica proposicional contemporánea, presentáronse os principios fundamentais para a coherencia argumentativa.

Analizamos conceptos como proposicións, siloxismos e sistemas formais, resaltando o papel da lóxica tanto na organización do pensamento filosófico como na metodoloxía científica. Ademais, tratamos os seus posibles límites e as posibilidades contemporáneas da disciplina, amosando como o razoamento lóxico segue sendo unha ferramenta central para a construción do saber.

Cremos que as tres partes dialogan entre si, proporcionando unha visión global e articulada do pensamento filosófico. Mentres a metafísica explora os fundamentos da realidade, a epistemoloxía cuestiona as bases do coñecemento, e a lóxica ofrece as ferramentas necesarias para avaliar e estruturar as respostas a esas preguntas. Esta complementariedade garante unha comprensión máis profunda e integradora dos problemas tratados.

Deste xeito, a filosofía é considerada como un proxecto aberto, onde as preguntas fundamentais sobre o ser, o coñecer e o razoamento seguen presentes, e ante as cales non podemos senón seguir pensando criticamente. Así, o libro tratou de expoñer as ideas principais de cada disciplina, sen descoidar as apelacións ao lector con vistas á participación activa nas discusións contemporáneas. Por iso cremos que a filosofía non é unha disciplina estática ou afastada da realidade, senón que constitúe unha práctica crítica e dinámica, crucial para poder comprender e enfrontar as problemáticas actuais.

Consideramos que o saber non é algo pechado nin definitivo. A filosofía, desde os seus inicios, ensinounos que o coñecemento é un proceso en continua revisión, unha busca constante de respostas que, á súa vez, suscitan novas preguntas. Esta apertura á dúbida e á reflexión crítica resulta fundamental nun mundo cada vez máis marcado pola complexidade e a incerteza. Nese mesmo camiño estamos.

Ao noso xuízo, as discusións sobre a metafísica, lóxica e teoría do coñecemento deixaron claro que o coñecemento humano debe abordarse tanto desde estruturas internas — como poden ser as descritas por Kant— como desde enfoques históricos, culturais ou lingüísticos —como é o caso da hermenéutica, a posmodernidade ou o posthumanismo—. Así dun modo integrado, podemos facer unha achega interdisciplinar, recoñecendo a necesidade de asumir tanto un discurso analítico rigoroso como a educación da sensibilidade interpretativa.

Neste sentido, a filosofía mostrouse nas últimas décadas como moi capaz de cuestionar tanto os fundamentos da súa tradición na antigüidade, como máis recentemente, na época moderna. A crítica ao racionalismo cartesiano, a reformulación kantiana do coñecemento e a hermenéutica contemporánea demostraron como a filosofía segue respondendo ás preocupacións humanas en distintos contextos históricos.

En particular, a posmodernidade puxo de manifesto a crise dos metarrelatos e a fragmentación do sentido, sen caer en novos dogmatismos. Autores como Vattimo e Lyotard, por exemplo, defenderon a pluralidade de voces e perspectivas como alternativa á uniformidade moderna. Este enfoque pluralista, lonxe de significar un relativismo paralizante, pode ser visto como unha oportunidade para repensar a verdade, a identidade e o sentido en clave máis aberta e inclusiva, converténdose en característica esencial de toda sociedade democrática que busque profundar nos seus valores e principios.

Finalmente, este libro tentou poñer de relevo como a filosofía non é unha disciplina abstracta e teórica, senón que tamén trata de aportar nos debates prácticos máis urxentes. As discusións arredor da verdade e os seus múltiples enfoques, por exemplo, permite comprender desde outra óptica a crise da información e a proliferación de narrativas contraditorias no mundo dixital. Así mesmo, as análises lóxicas proporcionan instrumentos fundamentais para avaliar argumentos e discernir entre razoamentos válidos e falacias.

Ademais, a filosofía mostrouse imprescindible para tratar problemas éticos e políticos derivados da globalización, da intelixencia artificial e das crises ecolóxicas. A capacidade crítica e reflexiva que promove axuda a formular preguntas clave sobre o progreso tecnolóxico, os dereitos humanos e a sustentabilidade, propoñendo alternativas baseadas na responsabilidade e no diálogo.

Como conclusión, este libro reafirma a importancia da filosofía como guía para afrontar os desafíos do presente e do futuro. Desde a indagación metafísica ata a análise lóxica, pasando pola reflexión epistemolóxica, a filosofía continúa ofrecendo un espazo para cuestionar, interpretar e transformar a realidade.

Este exercicio crítico e reflexivo, inseparable da tradición e cultura filosófica, non só consegue aumentar, criticar e matizar o saber individual, senón que tamén fortalece o tecido cultural e social, pois tenta construír distintos marcos conceptuais a partir dos cales se establezan principios de convivencia democrática e de mellora das condicións que non renuncien á emancipación e ao progreso colectivo. Por iso, a filosofía segue sendo unha práctica necesaria, aberta e comprometida coa busca do sentido e co diálogo continuo entre o pasado, o presente e as aspiracións dun futuro, que chegará como porvir inesperado a establecer unha nova realidade, que tamén haberá que seguir pensando.

BIBLIOGRAFÍA

Bibliografía Metafísica

◈ Obras de referencia:

ARISTÓTELES (1982). *Metafísica*. Gredos

ARISTÓTELES (1995). *Física*. Gredos

ARISTÓTELES (2014). *Acerca del alma*. Gredos

HEGEL G. W. F. (2002). *Lecciones sobre historia de la filosofía. Vol. 1 (Introducción)*. FCE

HEGEL, G. W. F. (2011). *Ciencia de la lógica. Vol. 1: La lógica objetiva*. Abada

HEGEL, G. W. F. (2019). *Fenomenología del espíritu*. Abada

HEIDEGGER, M. (1980). *Introducción a la metafísica.* Nova

HEIDEGGER, M. (2000). *Carta sobre el humanismo*. Alianza

HEIDEGGER, M. (2003). *Ser y tiempo*. Trotta

KANT, I. (2005). *Crítica de la razón pura*. Taurus

LEIBNIZ, G.W. (1994). *Discurso de metafísica*. Alianza

NIETZSCHE, F. (1981). *El crepúsculo de los ídolos*. Alianza

NIETZSCHE, F. (2011). *Así habló Zaratustra*. Alianza

PLATÓN (1982). *República*. Gredos

PLATÓN (2021). *Diálogos V*. Gredos

SAN AGUSTÍN (2010). *Confesiones*. Gredos

SPINOZA, B. (2011). *Ética demostrada según el orden geométrico*. Alianza

TOMÁS DE AQUINO (1957). *Suma teológica*. B.A.C

TOMÁS DE AQUINO (2007). *Acerca del ente y la esencia*. EDIBESA

❖ Obras de consulta:

BERNABÉ, A. (2001). *De Tales a Demócrito, Fragmentos Presocráticos*. Alianza

BERNABÉ, A. (2013). *Los filósofos presocráticos*. Evohé

BEUCHOT, M. (2014). *Historia de la filosofía medieval*. FCE

CALVO MARTÍNEZ, T. (1996). *Aristóteles y el aristotelismo*. Akal

DÜRING, I. (1990). *Aristóteles. Exposición e interpretación de su pensamiento*. UNAM

FERRATER MORA, J. (1999). *Diccionario de Filosofía*. Sudamericana

FONTÁN JUBERO, P. (1988). *Los existencialismos. Claves para su comprensión*. Cincel

GILSON, E. (1982). *La filosofía en la Edad Media*. Gredos

GILSON, E. (2005). *El ser y los filósofos*. EUNSA

GÓMEZ CAFFARENA (1983). *Metafísica fundamental*. Cristiandad

GONZÁLEZ ALVAREZ, A. (1951). *Introducción a la metafísica*. Mendoza

GRONDIN, J. (2006). *Introducción a la metafísica*. Herder

GUTHRIE, W. K. C. (1993). *Historia de la filosofía griega*. Gredos

KAHN, C. (2010). *Platón y el diálogo socrático*. Escolar y Mayo

KAUFMANN, W. (1968). *Hegel*. Alianza

MOREAU, J. (1972). *Aristóteles y su escuela*. Eudeba

MOSTERÍN, J. (1984). *Historia de la filosofía*. Alianza

MOSTERÍN J. (2013). *La Hélade*. Alianza

MURALT, A. (2008). *La apuesta de la filosofía medieval*. Marcial Pons

REALE, G. (1992). *Introducción a Aristóteles*. Herder

REALE, G. (2001). *Platón: en busca de la sabiduría secreta*. Herder

REALE G. & ANTOSERI, D. (2010) *Historia del pensamiento filosófico y científico I: Antigüedad y Edad Media* Herder

SZLÉZAK, T. (1997). *Leer a Platón*. Alianza

VALLEJO CAMPOS, Á. (1996). *Platón, el filósofo de Atenas*. Montesinos

VEGETTI, M. (2012). *Quince lecciones sobre Platón*. Gredos

VERNANT, J. P. (1992). *Los orígenes del pensamiento griego*. Paidós

Bibliografía Teoría do coñecemento

◈ Obras de referencia

BARAD, K. (2007). *Meeting the Universe Halfway*. Duke University Press

BAUDRILLARD, J. (1978). *Cultura y simulacro*. Kairós

BENNETT, J. (2022). *Materia vibrante*. Caja negra

CAPUTO, J. D. (2014). *La debilidad de Dios*. Prometeo

DERRIDA, J. (1975). *La diseminación*. Fundamentos

DESCARTES, R. (1990). *Discurso del método. Meditaciones metafísicas*. Espasa Calpe

GADAMER, H. G. (1977). *Verdad y método*. Sígueme

HARAWAY, D. (1995). *Ciencia, cyborgs y mujeres. La reinvención de la naturaleza*. Cátedra

HUME, D. (2005). *Tratado de la naturaleza humana*. Tecnos

HUSSERL, E. (1979). *Meditaciones cartesianas*. Paulinas

HUSSERL, E. (1981). *La filosofía como ciencia estricta*. Nova

HUSSERL, E. (1982). *La idea de la fenomenología*. FCE

KANT, I. (1978). *Crítica de la razón pura*. Alfaguara

KUHN. T. S. (1971). *La estructura de las revoluciones científicas*. FCE

LAKATOS, I. (1974). *Historia de la ciencia y sus reconstrucciones racionales*. Tecnos

LAKATOS, I. (1983). *La metodología de los programas de investigación científica*. Alianza

LATOUR, B. (2013). *Políticas de la naturaleza*. RBA

LEIBNIZ, W. G. (1984). *Monadología y Discurso de metafísica*. Sarpe

LÉVINAS, E. (2012). *Totalidad e infinito*. Sígueme

LYOTARD, J. F. (1987). *La condición postmoderna*. Cátedra

LYOTARD, J. F. (1988). *La diferencia*. Gedisa

MARCEL, G. (1995). *Ser y tener*. Caparrós

MEILLASSOUX, Q. (2015). *Después de la finitud*. Caja negra

MORTON, T. (2021). *Hiperobjetos: Filosofía y ecología después del fin del mundo*. Adriana Hidalgo editora

OTTO, R. (2016). *Lo santo. Lo racional y lo irracional en la idea de Dios*. Alianza

PASCAL, B. (2018). *Pensamientos*. Tecnos

POPPER, K. R. (1974). *Conocimiento objetivo*. Tecnos

RICOEUR, P. (1969). *El conflicto de la interpretación: ensayos de hermenéutica*. FCE

SHIVA, V. (2007). *Abrazar la vida. Mujer, ecología y desarrollo*. Horas y horas

VATTIMO, G. (1986). *Las aventuras de la diferencia*. Península

VATTIMO, G. (1990). *La sociedad transparente*. Paidós

◈ **Obras de consulta**

ALLISON, H. (1992). *El idealismo trascendental de Kant: una interpretación y defensa*. Anthropos

BLASCO, J. LL. & GRIMALTOS, T. (2004). *Teoría del conocimiento*. Universitat de València

CASSIRER, E. (1974). *El problema del conocimiento*. FCE

CHALMERS, A. F. (1990). *¿Qué es esa cosa llamada ciencia?* S. XXI

CHISHOLM, R. (1982). *Teoría del conocimiento*. Tecnos

DAVID, P. J. & HERSCH, R. (1988). *Experiencia matemática*. Nivola

EAGLEMAN, D. (2013). *Incógnito. Las vidas secretas del cerebro*. Anagrama

ECHEVERRÍA, J. (1999). *Introducción a la Metodología de la Ciencia*. Cátedra

GARCÍA MORENTE, M. (1980). *Lecciones preliminares de filosofía*. Porrúa

GARCÍA MORENTE, M. (1986). *La filosofía de Kant*. Espasa Calpe

HABERMAS, J. (1982). *Conocimiento e interés.* Taurus

HABERMAS, J. (1999). *Verdad y justificación*. Trotta

HEMPEL, C. (1979). *La explicación científica*. Paidós

HESSEN, J. (1940). *Teoría del conocimiento.* Espasa Calpe

KENNY, A. (2019). *La filosofía moderna. Una nueva historia de la filosofía occidental (vol. 3)*. Tecnos.

LECOURT, D. (ed.). (2010). *Diccionario Akal de Historia y Filosofía de las ciencias*. Akal.

MUÑOZ, J. & VELARDE J. (coord.). (2000). *Compendio de epistemología*. Trotta.

QUESADA, D. (1998). *Saber, opinión y Ciencia*. Ariel

RÁBADE ROMEO, S. (1975). *Hume y el fenomenismo moderno*. Gredos

RÁBADE, S. (1995). *Teoría del conocimiento*. Akal

RÁBADE ROMEO, S. (2003). *Obras I. El conocer humano I*. Trotta

ROLDÁN, C. (2015). *Leibniz. En el mejor de los mundos posibles*. Batiscafo

RUIZ, R. y F.J. AYALA (1998). *El método en las ciencias*. FCE

SÁEZ RUEDA, L. (2013). *Movimientos filosóficos actuales*. Trotta

VIDARTE, F. J. & RAMPÉREZ, J. F. (2005). *Filosofías del siglo XX*. Síntesis

VILLORO, L. (1982). *Creer, saber, conocer*. S. XXI

Bibliografía Lóxica

AYER, A. J. (ed.). (1978). *El positivismo lógico*. FCE

ACERO, J.J. (1993). *Lenguaje y filosofía*. Octaedro

ARISTÓTELES (1982). *Tratados de lógica, I*. Gredos

AUSTIN, J. L. (1990). *Cómo hacer cosas con palabras*. Paidós

BADESA, C. & JANÉ, I. & JANSANA, R. (1998). *Elementos de lógica formal*. Ariel

DEAÑO, A. (2002). *Introducción a la lógica formal*, Alianza

DÍEZ CALZADA, J. A. (2002). *Iniciación a la lógica*. Ariel

HIERRO SÁNCHEZ-PESCADOR, J. (1986). *Principios de filosofía del lenguaje*. Alianza

MANZANO, M. & HUERTAS, A. (2004). *Lógica para principiantes*. Alianza

MOSTERÍN J. & TORRETTI, R. (2010). *Diccionario de Lógica y Filosofía de la Ciencia*. Alianza

RUSSELL, B. (1966). *Lógica y conocimiento*. Taurus

SEARLE, J. (2007). *Actos de habla. Ensayo de filosofía del lenguaje*. Teorema

VALDÉS VILLANUEVA, L. M. (comp.). (2005). *La búsqueda del significado: lecturas de filosofía del lenguaje*. Tecnos

WITTGENSTEIN, L. (2003). *Tractatus logico-philosophicus*. Alianza